基于核心素养的高中英语

阅读教学策略研究

葛坦花 / 著

吉林文史出版社
JILIN WENSHI CHUBANSHE

图书在版编目（CIP）数据

基于核心素养的高中英语阅读教学策略研究 / 葛坦花著. — 长春：吉林文史出版社，2021.5
ISBN 978-7-5472-7764-5

Ⅰ.①基… Ⅱ.①葛… Ⅲ.①英语—阅读教学—教学研究—高中 Ⅳ.①G633.412

中国版本图书馆CIP数据核字（2021）第099778号

基于核心素养的高中英语阅读教学策略研究
JIYU HEXIN SUYANG DE GAOZHONG YINGYU YUEDU JIAOXUE CELÜE YANJIU

著　　者：葛坦花
责任编辑：吕　莹
封面设计：言之凿
出版发行：吉林文史出版社有限责任公司
电　　话：0431-81629369
地　　址：长春市福祉大路5788号
邮　　编：130117
网　　址：www.jlws.com.cn
印　　刷：北京政采印刷服务有限公司
开　　本：170mm × 240mm　1/16
印　　张：13
字　　数：234千字
版 印 次：2022年4月第1版　2022年4月第1次印刷
书　　号：ISBN 978-7-5472-7764-5
定　　价：45.00元

前言

FOREWORD

在当今日益国际化、全球化的形势下，我们学习英语，并通过英语来增进与世界各国人民的交流，通过有效的英语阅读来获取有用的、最新的、世界范围内的信息和知识。英语阅读能力是发展其他语言技能的基础和前提。只有读得懂，才能理解英文所组成的信息，从而提高英语的听、说、写的能力。因此，新课程标准实施对高中英语阅读教学提出了新的要求，即教师要在教学过程中探索发展学生核心素养的方法，培养学生的英语阅读思维，提高学生的文化意识，为学生未来的发展打好基础。基于此，本书从高中英语阅读教学理论出发，探讨新课程标准实施以来基于核心素养的高中英语阅读教学策略。

在英语学科教学中，高中英语阅读教学是非常重要的，既有利于增加学生学习的信息来源，也有利于培养学生的素养。本书对核心素养导向下的高中英语阅读教学进行研究，涉及高中英语阅读教学理论、阅读理解教学、教学研究以及核心素养下高中英语阅读教学理念和能力培养实践等内容。本书注重循序渐进性和适读性，结合当今高中英语教学中存在的问题，提出核心素养框架下对高中英语阅读教学革新措施，以便高中英语教师培养学生养成良好的阅读习惯，开阔学生的视野，从而促进高中英语教学更好地发展。

本书在编写过程中，笔者结合多年的教学实践经验，参阅和引用了大量相关的文章和学术专著，在此谨向原作者表示衷心的感谢！由于笔者水平有限，书中难免有不少欠缺之处，敬请读者批评指正。

目录 CONTENTS

第一章 高中英语阅读教学理论

第一节　高中英语阅读教学概述

一、阅读的本质

在现实生活中，很少有人与别人拥有同样的经验、知识和对世界的看法。作者为了让每个读者都能理解所写的内容，在写作中加入了互动的过程。然而，由于读者与作者在经验、现有知识、对事物的看法和思维方式上的差异，作者有可能认为读者应该知道，但读者其实并不知道。因此，为了真正理解作者所表达的意思，读者必须对文本进行处理。由此可见，作者在写作时加入了互动的过程。

阅读是学习的基础，阅读能力往往影响学生的学习效率。英语阅读是学生积累语言知识的重要途径，因此英语阅读教学一直受到师生的高度重视，在英语教学中起着非常重要的作用。在英语阅读教学中，教师应把握英语阅读教学的目的，帮助学生解决英语阅读教学中遇到的困难，帮助学生认识阅读的重要性，在阅读中建立英语阅读的学习机制。在英语阅读教学中，教师可以利用阅读教材，精心设计教学过程和教学内容，合理运用阅读的教学方法和技巧，根据阅读的教学策略开展英语阅读的教学活动。同时，教师要认识到课外阅读的重要性，使学生认识到课外阅读是课堂阅读教学的有效补充。教师应将课堂阅读教学与课外阅读教学相结合，提高学生的英语阅读水平。英语阅读教学的设置是现代人才发展的需要，有效阅读是学生学习的基本技能。阅读教学的根本目的是使学生获得更多的知识，提高学生的文化知识水平。

阅读是人们日常生活中学生经常接触或参与的活动，是伴随人一生的复杂心理过程。国内外众多学者从不同的角度对阅读进行了阐释：在心理学领域，心理学家普遍持有和认同的观点是阅读与智力之间有着密切的联系；认知心理学家关注的重点是阅读行为背后的心理变化，研究的是内部心理活动的过程，认为思维通过语言在阅读中得到认证与升华，阅读通过语言从思维中得到精神支持与指导，阅读是语言与思维交互的桥梁。尽管对阅读的阐释各不相同，但人们普遍认为阅读是理解一段完整文本或话语意义的过程，不同程度的阅读涉及的知识范围不同，对知识掌握程度的要求也不尽相同，读者的经验也会对文本意义的提取产生影响。对文本意义的理解不是把已经理解的词语意义简单地叠加或串联在一起，它需要人们结合自身的知识和经验进行简单或复杂的心理感悟。

在教育界，人们认同阅读是一种心理过程，并在另一角度进行了解释：阅读是读者通过已经具备的语言、文化背景等方面的知识，结合学习策略对文本符号进行感知、加工，进而得到文本意义与感受的心理过程。国外的一些教育学者提出，阅读就是在对文本意义理解的基础上，提取所需信息的过程。一些第二语言阅读专家对阅读的理解又不同，他们认为阅读是一个对话交流的过程，是读者与作者思想上的沟通。

综上所述，人们可以对阅读的概念做出如下定义：阅读是读者根据已有的知识和经验对文字信息进行加工和思考的复杂心理过程。这一定义仍旧不能全面地解释阅读，但可以给人们提供参考。

二、阅读目的

大多数专家学者认为阅读的目的是获得作者试图传递的信息，所以阅读是作者和读者之间的交流。格雷莱（Grellet）在*Developing Reading Skills*一书中明确指出，阅读首先是“为了得到乐趣，为了获取信息”。霍伊（Hoey）列出一些典型的阅读目的，如核对信息、澄清问题、检查某一点是否与自己的专业领域相关、支持一种观点、为自己的领域提供背景知识、对篇章进行评价、检查修改、使自己具有新领域知识、翻译等。

不同的阅读目的不仅驱使人们的阅读行为，而且制约读者对所读内容的期待和预测，加速阅读理解过程。可见阅读不应只是为了学习语法、词汇，更不只为了分析句子结构，更重要的是通过阅读获取新的知识、提高认知水平、增强分析问题和解决问题的能力。当然，也不能否认，在基础教育较长的学习阶段，学习阅读材料在很大程度上是为了语言学习，在专门设置的课程中通过阅读教学，学习者可以得到必要的语言输入，积累词汇、掌握语法和篇章等语言知识，增强语感，提高语言知识水平。

在日常生活学习中，人们的阅读内容非常复杂，不同人群的阅读范围、层次、目的均有不同。对某产品的说明书进行阅读是为了了解产品使用方法和特性；对信件的阅读是为了知晓联系人要传递的信息和与人进行交流沟通；对科技文献的阅读是为了获取知识或满足兴趣需要；对故事、小说的阅读大多是为了获得愉悦感，等等。简言之，人们从阅读中各取所需就是阅读的目的。

三、阅读对象

在英语教材中我们不难发现有大量的文学类文本，如小说、故事、传说等，还有非文学类的文章，如杂文、日记、轶事、传记等。这些文本中的大多数材料都是出于学习或练习某个语言项目或语言结构而选择的，焦点在于语言知识点的学习。

在现实生活和工作中，学生会遇到各种不同的文本，如果没有阅读某种特殊文本的经验，那么就会发现阅读某些实用文本会很困难，如广告、合同、说明书等。尽管教材中的材料内容丰富，语言地道，但终究覆盖面有限。我们在日常生活中可能遇到的文本包括日历、地址、电话簿、字典、名片、银行报表、信用卡、地图、轶事、天气预报、产品标签、洗涤说明、小说、戏剧、诗歌、连环画、通知、衣服尺寸标签、非正式书信、商业信件、规则规定、电子邮件、传真、贺卡、明信片、连环画、报纸、学位证书、统计表、申请表、商品一览表、海报、杂志、收听/收视指南、广告、旅游指南、烹饪指南、维修手册、备忘录、时间表、路标、大纲、歌词、童谣、打油诗、电影字幕、图表、流程图、网页、游戏规则等。因此，英语教师在选择补充阅读材料时，应考虑学生将来的实际需要，认清并牢记这一点很重要。

四、汉语语境下的英语教学

（一）中国英语教学现状

随着经济全球化和世界多极化，特别是互联网的出现，英语作为吸收和交流信息的工具，变得越来越重要。现代英语教学对学生提出了更高的要求，即应该能够融入世界。然而，目前我国的英语教学方面还有待提高，尽管专家们一直在努力改革，也取得了成就，但是英语教学还有很长的路要走。

1. 不同级别的新教学大纲

为了提高现代英语教学水平，培养高素质的国际化人才，教育部已经根据我国英语教学水平开始制订新的教学大纲。英语教学大纲大力推进素质教育，注重创新和实践能力。英语教学的目的是在巩固英语教学的基础上，拓展学生的知识面，培养学生的基本技能，包括听、说、读、写，提高英语初步交际能力；加强对学生思想道德、爱国主义和社会主义教育能力的培养；了解外国文化，特别是英语国家的文化；培养学生的创新能力和实践能力，形成有效地学习策略，为可持续发展奠定基础。国家英语课程首次明确了人文意义和社会意义，提出了英语教学应适应学生思维发展的需要，即影响及满足就业、高等教育、未来生存和发展的需要。同时，它应适应经济建设和科技人才培养的要求。

2. 快速提升教师素质

教育的发展在很大程度上取决于教师的素质。近年来，中国各地的教育蓬勃发展，这无疑提高了教师英语教学的质量。目前，全国各地大部分英语专业教师都有硕士及以上学位。英语教师的较高专业素质，有助于保证高质量的英语教学。

3. 注重教学方法和研究

随着各级新大纲的实施，高中英语阅读教学质量不断提高。英语教师对英语教学的研究和方法越来越受到重视，高级中学的贡献越来越大，越来越多的教师更新了自己的教学理念，提出了具有学习和应用不同教学方法的意识，即以语法翻译教学法、口语教学法、听说教学法、交际教学法和任务教学法为基础的方法。一些受访者甚至列出了一些其他的教学方法，如情感教学法。

4. 英语学习者越来越多

中国英语学习者的数量居世界第一。从小学到大学，英语都是必修课，大专院校毕业生在校学习英语至少12年。然而他们在学校所学的内容有时不能满足他们的工作需要和社会需要。因此，很多人在一些兼职大学或开放大学继续他们的英语学习。还有一些人为了拿到文凭，参加一些业余课程。由此可见，中国的英语教育具有巨大的潜力。

（二）中国英语教学中存在的问题

1. 教学方法单一

现在的教师意识到了各种教学方法有意义的应用，但他们的教学仍然在不知不觉中受到考试的影响。大多数英语课堂教学仍以词汇和语法为主，培养学生的阅读能力和写作能力。课堂上教师是主导者，忽视了学生的主体性、学习动机、情感和策略，学生只是被动的接受者。因此，大多数的英语学习者听说能力差，不能完全满足社会的要求。

2. 迫切需要连贯的教材

教材在学生语言知识的输入中起着至关重要的作用。教材是语言、文化和知识的传递者，是教学理念的完美体现，包括教学目标、教学内容和教学方法。在很大程度上，教材决定着教与学的效率。新大纲要求教材适用于不同层次的教学。在英语教学中，各种各样的新教材在小学、中学、高校甚至研究生院都要满足各自的教学需求。然而，有些教材违反认知规律，缺乏衔接。一些教材系列打乱了难度的自然增长，造成了时间和精力的浪费。最严重的问题是使学生失去了兴趣。

3. 教师知识结构不足

大多数英语教师都有扎实的基础技能，但也有一些人的基础技能需要改进。一些英语教师的语音和口语影响初学者，教学态度影响学生的学习兴趣和学习动机。由于考试的压力，一些英语教师注重积累语言知识和教学方法的广泛性而非文化知识的广泛性。有些人没有意识到广博的知识不仅可以扩展学生的精神世界，而且可以激发学生对知识的渴望。一些地区的教师缺乏现代教学理念和技能，单调的教学模式已经不能吸引学生。

高级中学教师越来越重视自身的学术能力和科研能力，即对教育学、教学理论、心理学、计算机操作及课件制作等方面都有涉猎。大多数高中英语教师是英语语言专家，但有些老师对其他专业知之甚少。因此，他们可以很容易地传授语言知识和技能给学生，但他们不能提供更多其他相关课题的详细、系统的资料。因此，英语专业的教师也必须更新他们的语言结构和知识，以满足21

世纪英语教学的需要。

五、高中英语阅读教学分析

阅读是读者与作者之间的一种跨时间的交流。读者通过文字符号来理解作者的思想，并听到作者的“声音”。无论是中文阅读还是英文阅读，在进行阅读教学活动前，英语教师应明确活动的目的，设计活动的内容和过程，因为阅读的对象是抽象的符号信息，阅读的目的是解释文本信息，获得其意义。阅读的基本要求是理解课文，不能理解的阅读活动是没有价值的。也就是说，理解是阅读活动的核心。

英语教师要实现阅读教育活动的目标，必须找出影响阅读理解的关键因素，找出、分析和解决问题是发展和进步的关键。从建构主义的角度来看，大量的实践和研究发现，影响学生理解文本意义的主要因素包括语言模式、内容模式和形式模式。词汇、句型、语法等基本语言知识是语言模式的研究范围；学生对阅读对象的主要内容的熟悉程度是内容模式；文本体裁是学生形式模式分析的对象。可以认为，阅读活动的顺利进行，不仅需要基本的语言基础作为保证，而且在一定程度上需要学生掌握文章的内容和体裁。对文章内容的熟悉和对体裁的理解对阅读理解和记忆有很大的帮助。

在英语阅读教学实践中，语言模式是影响学生阅读的主要因素。不管是精读还是粗读，一篇文章中都会出现大量的词汇。对于基础语言知识积累不足、掌握能力薄弱的学生，阅读将十分困难，更不用说理解文章的意义和与作者沟通了。内容架构是指读者对文本内容的熟悉程度，读者的内容模式与作者的模式越接近，读者对文本的理解就越深刻。例如，阅读了《基督山伯爵》的学生将会更容易理解一篇关于爱德蒙·邓蒂斯人格分析的文章。体裁模式对理解文本也有很大的影响，叙述性文章和论证性文章的特点是不同的。了解文章的特点、性质和写作风格，对读者理解文章有一定的帮助。

第二节　高中英语阅读相关理论

一、语言理论

（一）结构主义

结构主义是一种应用于各个学科的方法，其目的是探索一些基本要素之间的相互关系，在此基础上，社会、文化和其他结构通过其中的意义建立一个特定的人、制度和文化。瑞士语言学家费迪南·德·索绪尔（Ferdinand de Saussure）是开创20世纪结构主义再现的第一人。他在他的著作《世界通用语言课程》中提到，语言的使用（言语或谈话）不是集中的，而是潜在的强调语言系统。因此，语言的要素是相互联系的，是同步存在的，而不是历史的。费迪南·德·索绪尔提出，语言符号由两个部分组成，一个是“意”，另一个是“音”，无论是在心理上投射——就像我们默默地背诵一首诗中的诗句给自己听，还是在实际的身体体验中。费迪南·德·索绪尔认为语言是行为的一部分，是一个有意义的（词的概念或意义）强调对符号内部结构的考察，而不是对符号与物体的关系的考察。

在这一时期，费迪南·德·索绪尔对现代语言学产生了巨大的影响。在第一次世界大战和第二次世界大战之间，出现了三种结构语言学流派：布拉格学派，结构语言学和功能语言学，主要研究语言结构的功能；哥本哈根结构语言学学派，它重视结构之间的关系；美国结构语言学学派，强调结构形式的描述。结构主义可能是最重要的，它的影响几乎可以从方方面面看出来。美国结构主义的先驱是弗朗茨·博阿斯和爱德华·萨皮尔，而具有里程碑意义的人物是布卢姆菲尔德，他奠定了美国描写语言学的基础，在他的两部著作《语言科学的一系列假设》和《语言》中，他继承和发展了弗朗茨·博阿斯的理论和方法。弗朗茨·博阿斯和爱德华·萨皮尔的主要价值，即语言的关键在于对使语言成为可能的基本概念进行严密的辩论和平衡的表述，是认为从声音到句子分析语言的语言学家。他强调可观测语言数据的客观性和系统性的重要性并不是非语言因素，而是形式的分析和分类。因此，美国结构主义是经验主义的归纳或基于数据的归纳。

20世纪三四十年代被称为“布卢姆菲尔德时代”。美国结构主义在这一时期的发展达到了顶峰。美国结构主义的特点可以概括为：侧重于口头描述；注重形式分析，忽视语义因素；重点介绍分布情况和置换方法；采用即时成分分析；建立“语素音位”。从结构主义的角度看美国结构主义语言教学理论，语言是一个由不同层次的结构组成的系统。从音素到句法，每种语言中这些结构组件的数量都是有限的，学习者要学习的是这些组成部分。学习者要学习发音和单词的规则和语法规则，从而形成句子。他们一旦掌握了规则，就学会了语言。

美国结构语言学家在语言研究中明确采用了行为主义的方法，以科学客观性的名义回避一切涉及精神或概念范畴的问题。特别是他们采纳了行为主义的语义理论，根据语义的意义是什么，简单来说就是刺激和语言反应之间的关系。语言教师应该教语言本身，而不是语言知识。语言是说本族语的人所说的话，而不是别人说的话，语言活动是刺激和反应的产物。

语言学习是指掌握一套符号系统的操作技能，即形成一种语言对刺激做出准确反应的习惯。语言学习的主要方法是对结构形式进行经验模式训练，也称为刺激反应训练。这是结构主义语言教学的主要方法。以布卢姆菲尔德为代表的行为主义学派认为，语言学习是一种语言习得过程。

（二）转换生成语言学

1. 转换生成语法

转换生成语法（Transformational generated Grammar，TGG）又称转换语法（Transformational Grammar，TG），转换生成语法是由乔姆斯基在1957年出版的《句法》一书中提出的结构。他认为世界上所有的自然语言都有一些共同的语言属性，这一语言学假设促使他试图建立一个模型来描述所有的语言，探索普遍规律，以此揭示人类认知系统的本质，即人的本性。

2. 深层结构和表层结构

在语句分析中，每句话都有两个层次：深层结构和表层结构。其中，深层结构包含所有解释句子意思所必需的单位和关系。它揭示了语言话语的基本结构，并规定语法关系和功能的句法要素以及构成要素的语言意义。表层结构是实际产生的结构，是句子直接观察到的实际沟通形式，是一种相对抽象的句子结构，是由应用而产生的。在基本规则和转换规则中，深层结构与表层结构的关系是转换关系。

3. 能力和性能

乔姆斯基区分了语言能力和语言表现。对他来说，语言能力是指母语者对该语言的内化知识，而语言表现则是指以英语为母语者所产生的实际话语。乔姆斯基认为，语言学家应该研究的是语言能力，而不是语言表现，以英语为母语的人要建立一套规则体系，从而产生无数的合乎语法的句子。乔姆斯基认为，为了达到这一目标，我们应该使用演绎式假设进行检验。

二、学习理论

（一）行为主义

行为主义是一种心理学理论，它认为行为可以不依赖于内在的精神状态被科学地研究。行为主义逐渐影响了学习理论，这解释了外部事件（刺激）如何导致个体行为的改变（回答），既不要使用“思想”或“想法”之类的概念，也不要使用任何一种心理行为。行为主义包括古典行为主义和新行为主义。俄罗斯心理学家伊凡·巴甫洛夫、美国心理学家约翰·沃森都是著名的古典行为学家，而美国心理学家新行为主义的主要代表人物约翰·沃森发表的文章“心理学作为行为主义者的观点”被认为是行为主义的入门。为了证明环境条件会导致动物产生特定的行为方式，约翰·沃森做了很多关于动物和动物行为的实验。他不考虑动物的思想，断言人类的行为与动物没有什么不同。约翰·沃森的想法受到了许多心理学家的欢迎，因此直到20世纪60年代中期，行为主义理论一直占主导地位。早期的行为主义者试图用刺激和反应来描述学习。刺激可观察到的影响行为和反应的事件。

约翰·沃森发明了一种新的研究动物学习的仪器和方法描述学习过程。斯金纳将学习过程分为两类：经典条件反射和操作性条件反射。

经典条件反射（巴甫洛夫条件反射或应答条件反射）是一种联想学习。伊凡·巴甫洛夫在研究狗的唾液条件反射时首次证明了这一点。当狗看到肉的时候就会分泌唾液（一种对食物的天生反应），他称之为无条件反应；同时，他还注意到，当狗看到实验室技术员穿的实验服时，它们也会流口水，他称之为条件反应。从这一观察中，伊凡·巴甫洛夫断言，当一个特殊的刺激出现在狗被喂食肉类的环境中，这个刺激就变得与肉和唾液有关，然后就会使狗分泌唾液。他将这种习得的关系称为条件反应（现在被称为条件反射）。

操作性条件反射（斯金纳条件反射或工具性条件反射）是一种发生的学习方法，是斯金纳创造的通过对某种行为的奖励或惩罚而形成的条件反射。斯金纳对环境进行操作以产生结果的任何“主动行为”。也就是说，一个行为可能导致强化，这增加了再次发生的行为，而惩罚减少了行为再次发生的可能性。

（二）第二语言习得理论

美国语言学家斯蒂芬·克拉申以其第二语言习得理论而闻名。真正的语言习得既是缓慢的，也是说出来的，即使条件很好，技能出现的时间也明显晚于倾听技能。因此，那些在低焦虑情况下提供“可理解输入”的信息，是不是学生真正想听的信息。这些方法并不强制使用第二语言进行早期生产，但是让学生在他们准备好的时候生产，认识到改进来自供应交流和可理解的输入，而不是强迫和纠正生产。斯蒂芬·克拉申认为“学习不能成为获得”，流利的第二语言或外语取决于学习者所获得的，而不是他们所拥有的。

三、应用语言学理论

应用语言学是研究语言在各个领域中实际应用的语言学分支。通过对语言应用过程的研究，来完成对应用语言学性质的研究。

目前，谈到应用语言学，人们大多是从狭义的角度来说的。比较分析和错误分析方面的理论为语言学的教授和学习过程提供了许多有益的启示，有些比较分析通过母语和所学语言之间的比较来预测可能出现的难点；错误分析试图对学习者所犯的语言错误进行系统分析，从而知道该怎样改进教与学的方式。

教学法研究也是应用语言学的一个重点。语言测试是人们目前比较关注的问题，尤其是在应试教育盛行的情况下，人们开始意识到应该采用更有效地测试与评估手段，这些测试与评估手段对英语教学形成良性的反拨作用。英语测试根据其用途可分为多种类型：潜能测试用于预测学生的语言学习能力；诊断测试用于检查教学中的问题，看学生掌握了些什么，还有哪些没掌握，并且还要提出补救措施；成绩测试往往根据特定的教学大纲，用于检查学生对所教内容掌握了多少；水平测试用于评估学生总的语言能力，以便知道他能否胜任某一工作。试卷设计的方法、考试分数的计算以及试卷的评估是应用语言学非常关注的问题。

四、建构主义学习理论

建构主义是一种知识心理学理论，它认为个体是从以往的经验中建构知识的。建构主义在全世界的英语教学中发挥着越来越重要的作用。它告诉人们如何学习知识，并帮助我们在学习过程中发现规则。建构主义对于知识的建构有着广泛的理论基础。研究表明，知识是由学习者积极参与各种活动构成的。建构主义是由一位著名的儿童心理学家和教育工作者在认识论理论学家让・皮亚杰的理论基础上提出的。让・皮亚杰强调团队合作过程的建设性，这是他作品中最重要的部分。他建议个体通过适应和同化的方式，从先前的知识中建构新的知识。同化意味着个体在不改变现有知识结构的情况下吸收新的信息。当个人的经验与他们对世界的内在表现相一致时，就可能发生同化情况。适应是指重建学习者的外部世界形象以适应新知识的过程。

建构主义认为知识是个人所建构的，还解释了个体对知识的学习和获取，以及不同个体如何在认知心理学的基础上建构知识。个人是给定信息和知识的主动处理者，在自己的经验、与他人的交流以及他们所处的环境的帮助下建立和重建对世界的理解。让・皮亚杰的建构主义学习理论对教学方法和学习理论有着广泛的影响，是许多教育改革的潜在课题。福斯托将建构主义视为“关于知识和学习的理论”，即知识是由个人通过其经验和社会活动来建构的。它显示了一个以学习者为中心的环境，在这个环境中，知识和知识的生成是互动和协作的。在学习过程中，学习者主动获取新的信息和知识，将新的信息与旧的信息结合起来，拓宽自己的知识结构。让・皮亚杰认为，知识的获取是一个不断自我建构的过程，这意味着知识需要由学习者自己发现、发明和再创造，他们学习知识，通过与周围环境的互动和自己的经验来发展知识。因此，学习者可以感知环境后通过自己的行为来掌握知识。更重要的是，这些行为是积极的，有意义的，而不是随机的和盲目的。有人认为让·皮亚杰是激进的建构主义的起源。在之前的几个世纪里，人们认为儿童的游戏和行为是随机的和无目的的，但是让·皮亚杰不同意这些传统的观点。他认为儿童的游戏和行为是他们认知发展的重要组成部分，他还提供了科学论据。

一些建构主义学者认为，学习是一个积极的过程，学习者应该学会自己找出原则和事实，这将有利于学生联想和直觉思维的培养。事实上，对于社会建构主义者来说，现实并不是我们能够发现的东西，因为它在我们的社会文明之前并不存在。他们认为现实是由人类自己的活动和经验构成的，是人——社会的成员发明了世界的属性。其他建构主义学者强调，个人在环境和与他人互动的帮助下获得信息和知识，因此知识是人类的产物，是社会和文化的产物。学习是一个社会过程，既不是发生在人们的头脑中，也不是被动地超越他人。

五、语篇分析理论

鉴于英语语篇特点，在教学中可以运用语篇分析的方法有针对性地培养学生各种技能，如图式理论。简而言之，“图式”是指围绕某一个主题组织起来的知识的表征和储存方式。例如，提到“交通”，学生可能会想起各种机动车辆、交通工具、立交桥、高速公路等，这说明这些储存在人脑中的知识是相互关联的。英语教学就是要依据英语语篇特点建立并激活图式结构，将新信息融入已有图式，产生新图式，丰富头脑中图式的内容，进一步理解相关语篇并能写出或翻译出符合英语用语习惯、适用于英语交际场景的语篇。

传统英语阅读教学忽略了英语作为专门用途英语的特殊性。只注重对阅读材料语法分析，逐字逐句地讲解，逐句逐段地翻译，其结果是“只见树木不见林”，影响了对文章的整体理解，忽略了对文体的把握，文化背景缺失，学生能够就重点词汇、短语和句子进行正确回答，却不了解整篇文章的框架结构、篇章连接方法，不能概括文章大意，对类似问题做不到举一反三。所以在语篇分析理论指导下，英语阅读不应将语言分析抽离于语境、背景知识和体裁。在讲授阅读语篇之前，教师应当通过问题导入、小组讨论等课堂活动激活学生脑海中相关知识的旧图式，并在此基础上补充信息。由于学生多为Pre-experienced Learner（无相关职业经验的学习者），缺乏工作经验，此处的信息主要为语境信息。在激活并补充了旧图式之后，教师可依据文章内容勾勒出流程图、框架图、提示卡等辅助学生对阅读文章进行理解。

六、篇章理论

（一）篇章

什么是篇章？韩礼德（Halliday）认为，篇章是社交语义单位，通过词组、短语或词这些词汇—语法单位来实现。国内多数学者提到的篇章都是广义的，包括话语和篇章。

（1）A. 你吃饭了吗？B. 嗯。

（2）A. 鸡不吃了。B. 鸡不吃了，吃点别的菜。

（3）做女人挺好!

（4）EXIT/安全出口。

（5）In our classical collection you will find many well-loved master pieces.

（6）A. Mum，the phone is ringing. B. I'm in the bathroom.

在（1）中，B回答的虽然是一个“嗯（ng）”，但是具有完整的交际功能，意思是“已经吃饭了”，简单明了。虽然（2）A在音节数量上比（1）B多，但不是完整的篇章。（2）A是学界非常经典的一个例子，有歧义，既可能指鸡不吃食了，又可能指不吃鸡肉了；而B中的“鸡不吃了”不存在歧义，与后半句一起构成了较完整的篇章片段。（3）是一则丰胸产品广告，有两层意思：一是身为女人很好，强调一种性别优越感；二是作为女人，有挺拔的胸部很好。虽然没有完句成分，但却是一个完整的篇章。多层表义、交际功能完备，是一则非常经典的广告语。（4）是安全出口的中英文标示语，也没有完句成分，但具有完整的交际功能，仍然是一个完整的篇章。（5）是句首有介词短语的完整小句，是一个篇章。（6）是研究关联理论时经常用到的一个经典案例。B的回答从表层看，洗澡与接电话是两码事，前言不搭后语。但从深层来看，因为妈妈洗澡，当然就不能接电话了。说“I'm in the bathroom.”就是“我不能接电话”，这就是语义上的连贯。从上述分析来看，判断篇章是否完整，不在于其是否有标示句子的符号（句号、叹号），也不在于语段内是否有衔接，关键在于是否具有完整的交际功能。通常情况下，阅读教学中使用的文章都是相对完整的篇章，都有衔接成分，都是连贯的，具有完整的交际功能。

（二）篇章分析

篇章分析是对句子、语段或更大的、表达完整意义的语言单位进行的分析，小句是篇章分析的最小单位。有学者认为，篇章的线性结构成分包括五级。由大到小构成的层级网模式如下：篇章（含题目）—语段（段落）—句群—复句—小句。一个完整的篇章，由上述五级单位构成，其中的构成虽然以语法单位为基础，但并不等同于语法单位。邢欣认为，邢福义提出的小句“成活律、包容律和联结律”恰好是句子由句法到篇章的重要参照范畴，可以看作三个范畴特征，形式化如下：

（1）[联结]

语法体现：[+衔接语]

语义特征：[+连贯]

语用标志：[+关联模式]

（2）[成活]

语法体现：[+语调][+情态][+时态][+语态]

语义特征：[+语义完整]

（3）[包容]

体现：[−语调][−情态][±时态][+独立结构]

在上述特征中，连贯和关联模式是指小句必须具有前后照应和相互关联的内容。而衔接语较为复杂，可以按主观性的有无分为话语标记和语用标记；这两种标记又可以按照信息量的有无、强弱进行次分类。

第三节 高中英语阅读教学模式

一、交互作用阅读模式

阅读模式及其应用是第二语言习得研究的热点。有效的阅读模式对提高第二语言习得的质量至关重要。许多学习者习惯于自下而上的阅读模式，强调阅读加工模式的“底层”。他们逐字逐句地阅读，并把大量的精力放在分析词义、句法形式和文本结构上。结果，词汇量增加了，句法提高了，文本结构变得更加熟练，但阅读能力却没有明显地提高。许多第二语言读者的阅读注意力牢牢地保持在阅读处理模式中，许多第二语言阅读研究继续显示出强烈的自上而下的偏好。过度使用自上而下阅读模式的学习者容易忽视语言知识的学习，在阅读中采用自上而下的浏览、猜测、取样等策略，容易误解文章的本意，错过一些重要的细节。目前，在阅读和阅读教学方面还存在许多挑战。识别、设计和应用有效地阅读模式已成为当务之急。通过对理论分析入手，揭示了“自下而上”阅读模式、“自上而下”阅读模式以及两者结合形成的互动阅读模式的起源和内涵。

二、阅读过程的模式

由于人们的社会经验、知识掌握的水平不同，对阅读的认识也存在着不同的看法，所以对于开展阅读的方式方法也存在差异。一般来说，阅读理解有三种模式：“自下而上”模式、“自上而下”模式和“相互作用”模式。

（一）“自下而上”模式

拉·伯奇（La Berge）和塞缪尔斯（Samuels）认为，成功的读者是熟练的读者，他们不需要刻意或有意识地去自动处理信息。这种模式强调“打印文本的自动处理”。自动处理被认为包括解码和文本理解。

朱斯特（Just）和卡朋特（Carpenter）提出了另一种“自下而上”阅读模式，强调“阅读理解是非线性的，读者主动选择要加工的文本”。他们读过的东西会影响到他们要读的东西和他们要解释的东西。朱斯特和卡朋特认为存在一个认知反馈过程，即读者从后一段构建的意义会影响对前一段意义的解释。

拉·伯奇和塞缪尔斯含蓄地认为文本是由单个词汇字符串组成的，而朱斯特和卡朋特则把文本的内容看得更丰富。从广义上讲，连贯是指语篇命题之间的内在和宏观联系。虽然连贯依赖衔接，但它是以篇章结构为基础，与读者的背景知识等保持一致。

通常人们认为阅读是从对简单词汇理解开始的，阅读是从理解词汇含义再理解句子含义，到理解段落含义再到最终理解篇章含义的被动解码过程。表面上，这个阅读过程是没有什么问题的，并且揭示了阅读在浅层次上的现象，但实质上，这个模式将阅读的过程过于简单化和表面化了。在“自下而上”阅读模式的影响下，人们关注的重点是对词句和篇章的理解，把阅读过程当成一种简单纯粹的、语言知识的应用过程，却忽略了文章的语境背景。

在阅读教学中，教师采用“自下而上”阅读模式，受到阅读过程特点的影响，教师通常以词汇含义和语法结构为教学中心，通过词汇与语法的分析理解篇章，没有从整体上把握文章，忽视了对语篇整体分析能力的教学。这种阅读模式影响着学生的阅读习惯，很容易让学生陷入逐字逐句阅读的误区，养成不利于全面分析文章的阅读习惯，最终使阅读速度无法得到提高，阅读理解提取的信息不够全面，使学生的阅读效率难以提高。

（二）“自上而下”模式

意识到“自下而上”阅读模式的弊端，针对“自下而上”阅读模式的缺陷，美国心理学家古德曼（Goodman）通过大量的研究，提出了“自上而下”阅读模式，从词面上就可以轻松地看出该模式与“自下而上”阅读模式是相反的。“自上而下”阅读模式认为阅读是读者与文本或作者之间的信息交流过程，是读者根据已有的知识结构结合文章提供的信息不断揣摩作者思想意图，然后在阅读过程中不断验证、修改、主动参与的活动过程。整个阅读就是读者在不断揣摩，得到验证或修改后，在揣测的循环过程中提取信息的活动。

古德曼的自上而下阅读模式是一种引导学习者利用已有知识构建文本意义的模式，强调“依赖于已有句法和语义知识的认知效率”，主张“文本与意义直接互动”。

克拉克（Clarke）和西尔伯斯坦（Silberstein）指出了“自上而下”阅读模式的本质，他们认为读者为阅读理解提供的信息比书面文字提供的信息更多。

史密斯（Smith）指出：“我们的知觉决策只是部分地基于视觉信息，而我们已经拥有的知识大大丰富了视觉信息。”

莱穆斯（Lems）和一些人提出了一种“自上而下”的阅读观点，认为“我们可以根据现有的知识预测最有可能发生的事情”。概率推理在认知科学领域经常被用来解释读者如何处理文本，部分基于字母或字母组合代表某种声音组合的可能性。当拼写概率模型应用于英语拼写教学时，学习者会学会理解生词。

兰达尔（Randall）认为，读者自上而下的阅读意味着读者需要建立句法结构的知识才能预测未来的识别，“这个模型是基于高度自动化的词汇识别过程”。

“图式理论”是“自上而下”阅读模式的理论依据之一。概括地说，图示式是指“储存在人记忆中的有系统的、有组织的知识网络”。“自上而下”阅读模式弥补了“自下而上”阅读模式的不足，是阅读程序研究的进步，但是这种阅读模式仍然存在一些弊端。“自上而下”模式的阅读基础是读者已有的知识结构，强调读者要通过自己的知识和经验对文章进行整体的分析和理解，如果读者本身的知识或经验水平还不够，对文章的理解就会很片面或分析不到位，无法把握文章的中心思想。

（三）“相互作用”模式

经过介绍分析，可以看到无论是“自上而下”模式，还是“自下而上”模式都存在不可避免的缺陷，存在着一定的局限性。为改变阅读的这种不够完善的阅读模式，鲁梅尔哈特结合“自上而下”模式与“自下而上”模式的优点，站在前人的肩膀上提出了“相互作用”模式。他认为阅读既要以词汇、语句的含义为基础分析篇章含义，也要根据文章语境、读者的知识结构在整体上分析文章的意义，在理解分析文章内容的同时，增加语言知识的积累。

专家学者们对阅读过程的研究给我国英语教学带来了很多启发：语言知识

是阅读的基础，学生已有的知识结构是阅读理解的条件，在英语阅读教学的过程中，教师既不能片面强调语言知识的积累，也不能忽视学生知识结构对阅读的重要性。教师要使学生的语言知识和已掌握的知识结构在阅读中相互补充、相互作用，从而提高阅读效率，使阅读达到最佳效果。

三、英语阅读教学情境模式

（一）情境模式在英语阅读教学中的作用

1. 弥补英语阅读教学的短板

情境教学法指教师在授课的过程中，以某种情境作为学生的学习背景或环境，引导学生在这种环境下完成学习目标的过程。目前英语阅读教学仍主要以阅读理解题目的完成和英语文章的语篇理解为主，大多数英语教师在教学过程中都重视语词教学，忽视了英语本身的文化价值，反而不利于学生进行全篇内容的理解，这已经成为英语阅读中的短板。而情境教学法强调学习环境的营造，其中就包括语言文化环境的创设，因此情境教学法能够弥补英语阅读教学的短板，是值得英语教师尝试和实践的。

2. 提高英语教学的有效性

随着英语教学不断深化，阅读教学虽然取得了一定的进步，但始终是英语教学中的难点，这是因为学生的阅读水平上升需要长期的英语单词、语法等知识的不断积累和练习。从英语教学的整体来看，阅读教学的有效性是比较难提升的，即教师和学生要花费很长的时间，才能获得较小的教学成果。情境本身对学生的学习兴趣、学习态度有影响，并且也影响教学内容的表现形式，这意味着在阅读教学过程中，教师和学生只需花费较少的精力，就能够维持较高的学习热情，并且使教学内容的展示效率更高。这有助于提高教学有效性，使阅读教学发展更快。

（二）情境模式在英语阅读教学中的应用

1. 课前5分钟演讲情境创设

教师组织课前5分钟的演讲，不能采用统一的模式，要针对不同层次的学生采取不同的方式。在模拟演讲中，可以提前在黑板上写一些生词，这样不仅可以提示讲话者，还可以帮助全班理解演讲的内容。在演讲结束时，演讲者可以就学生听到的内容向他们提问。教师也可以评论演讲者的内容。渐渐地，学生的紧张情绪消除了，他们的会话能力也会越来越强。

2. 课文情境模拟再现

在反复阅读和理解课文后，教师可以将学生分成小组。根据课文内容的难度，让学生模拟课文场景，模拟课文内容，结合实际，用自己的语言表达出来。这样既能锻炼学生组织单词和理解文章的能力，又能锻炼学生的表达能力。

第四节　高中英语阅读教学活动的设计与进行

一、高中英语阅读教学活动的设计类型

语言输出活动有练习性与交际性之分。练习性输出以吸收刚学过的语言为目的，因此以准确性为评价标准；而交际性输出活动则以有效交际为目的，关注的焦点是内容而不是形式，因此以有效性为标准。但这不是绝对的，应找到两者之间的平衡。从关注学生发展的角度，教学活动可概括如下：第一，以学生认知发展为中心的设计，即依据图式理论，在教学活动中运用内容图式、语言图式及结构图式对文本做进一步的归纳分析与讨论。第二，以学生情感态度发展为中心的设计；这类活动以“美的评价与品味”为突破口来提炼与品读自然美、社会美、人格美、语言美等。第三，以学生文化发展为中心的设计。语言有丰富的文化内涵，因此，教师应帮助学生在阅读文本的基础上关注文化，拓展文化知识的内容与范畴。此外，不少学者也从读后拓展的视角提出了不同的教学活动类型，如理解型活动、运用型活动、项目型活动等。

二、教学活动的有效进行

（一）丰富活动类型：创设多样的输出活动

1. 文本理解性语言输出

文本理解性语言输出就是要求学生在整体理解文本的基础上进一步研读、理解、阐述或评论语篇所蕴含的深层次问题。

（1）理解文章标题或主旨。在阅读的基础上进一步理解和归纳文章的主旨大意、文段的主旨大意；或者根据学习者自己的理解另拟一个标题，从而把握语篇的主题思想。

（2）解读某一词语或句子的隐含意义。在阅读的基础上分析文本中某一长难句的句子结构，解读文本中蕴含作者核心观点或核心思想的语句含义，感悟包含一定修辞手法（如类比、比喻、拟人等）的句子。此外，可以让学生在读的基础上圈出文本中自己不能理解的词语或句子。圈出难点、找出含有该难点的语境以及列出可能的意思，实际上就是对知识进行梳理、归纳和对比的过程。

（3）分析某一事物的因果关系。对文本中某一事物或现象产生的原因进行剖析，或者对某一事实的前后因果进行分析。

（4）品读作者对某一人物或事物的情感态度。在整体感知和理解文本的基础上，品读作者对某一事物所持的情感或态度，从而把握作者在各种观点中的立场，是客观评论还是有所倾向；或者也可引导读者对某一人物或事物进行评价。

（5）把握作者的某一重要观点或写作意图。对文本中作者的某一核心观点进行理解，从而把握其真正的写作意图。

（6）发掘文本内蕴含的文化。语言本身蕴含着丰富的文化内涵，因此，在阅读的基础上也可引导读者进一步品读和感悟其所包容的文化意识或生活哲理。

（7）预测文本的行文走向。阅读后，教师可以有选择地对原文进行删改，截取意群中的某一部分甚至摘掉整段文字，训练学生有效预测行文走向的能力。除此之外，教师可以在文本的结尾处进行符合行文逻辑的续写，或者补充一句有概括性或启发作用的格言等。

2. 文本重构性语言输出

文本重构性语言输出是指在语篇理解的基础上进行篇章整体或片段的复述。阅读篇章分析的目的不仅在于对局部语义的解读，而且在于对篇章整体结构的解读。

3. 文本拓展性语言输出

首先，根据文本的主旨和基本框架缩写课文，或扩写课文，或总结概要；重新思考某一故事或现象，改变其中的1～2个重要事实，编写一篇类似的文章，让学生发挥想象续写文章、写广告词、写海报等。

其次，对于文本拓展性语言输出，教师也可以设计一些项目活动，学生根据项目主体，通过“确定项目主题—相关策略指导（如资源策略、必要的问卷、访谈策略等）或语言训练（项目所需的句式、词汇、交际活动用语）—头脑风暴式讨论—确定小组项目主题、展示形式及操作方案—收集和处理信息—语言表达—制作作品—交流展示—项目评价”等步骤设计和实施项目型活动。项目型活动是一项综合的语言实践活动，因此，在具体操作中，教师必须关注指令的明确性和任务前的指导。

4. 文本借鉴性语言输出

（1）借鉴话题观点和信息。

不管哪一个文本，都有一定的主题或中心话题，通过阅读，学生可以从文本中获取关于该话题的不同观点、态度和看法。而在此基础上，如果教师能在教学设计中体现这种意识，让学生在把握材料内容和结构的基础上，引导学生进行整体吸收与运用，借鉴话题进行拓展性语言输出活动，就可以为写作提供很好的借鉴。

（2）借鉴文本写作结构与技巧。

每一个文本都有其固有的体裁以及相应的写作结构与特点。因此，阅读中教师在帮助学生宏观感知文本框架和脉络的基础上，引导学生欣赏并储存类似的写作模式，并在此基础上进行借鉴性写作。

（3）借鉴文本的核心语言。

借鉴语言就是要求学生将阅读中积累的词、词块、句、文，运用到后续的语言输出活动中。为此，教师应注重让学生在阅读过程中接触大量相关的词汇、句式及片段信息，引导学生理解、对比、欣赏其在语境中的作用、意义及语言特色，然后创设情境或任务，让学生进行仿写练习。

5. 话题讨论性语言输出

话题讨论语言输出是指在文本阅读的基础上，根据文本主题，精心设计扩展或延续的讨论话题，从而形成思想内容的创新。因此，阅读教学可以围绕话题设计有价值的讨论话题，有效激活储存在学生记忆系统中与话题相关的语言知识和信息。此外，在组织和实施专题讨论时，教师应注意以下几点：第一，为了避免输入与输出的不一致，讨论必须以主题为基础，围绕文本的中心思想、文本的特征和文本的隐含意义。第二，鼓励学生在讨论中用完整的句子来回答，这是培养学生理解能力、提高其表达水平的一种常见而有效的活动。

6. 题型巩固性语言输出

在读后的语言输出活动中，教师也可以充分借鉴和运用目前练习或测试中的一些基本题型，如基于词、词块或句的综合性填空补缺、完形填空、阅读表达、任务型阅读、读写任务等。在学生进行语篇复述、重构的基础上，提供基于文本内容的缩略性短文，让学生进行训练，使阅读理解活动和语言形式层面的训练有机结合，体现语言教学的整体性，在巩固、深化学生对文本理解的同时，提高学生正确使用语言的能力。

（二）搭建语言支架：为高效输出提供支持

以外研版Module 4 Unit 2　Working the Land的阅读材料为例，文章介绍了中国著名的农业科学家袁隆平和他的巨大成就。通过对文章的学习，要求学生了解农村和农业，了解袁隆平的研究成果及意义，学习有关农业的词汇。文章的结构清晰，第一段通过对袁隆平外貌的描写，刻画出一个普通中国农民的形象；第二段介绍了袁隆平的家庭背景、学业和科研情况；第三段勾勒出袁隆平不图名利、无私奉献的高贵品质。因此学习该文章时宜采用“从整体到部分，从内容到形式”的阅读模式。这种设计有两点好处：一是可以利用学生已有背景知识和一些非语言信息帮助学生理解课文；二是可以避免纯粹为教语言而阅读。

阅读课最怕的就是学生对农业的话题不太感兴趣。因此，课堂组织结构要清晰、有条理。课堂活动目的明确，符合学生实际，从而使学生知道自己要做什么以及如何去做。课堂活动形式力求多样化，不同的活动形式不但使整堂课显得有生气，更重要的是能培养学生不断挑战新任务，养成积极学习的态度。阅读课要有多种阅读技能的训练，包括预测、略读、找读、理解大意、分清观点、猜测词义、推理判断等。每一项活动既是对信息的获取和处理过程，也是交际能力的培养过程。文章讲述了袁隆平的成就、生活和个人品质。要让学生有机会对读到的内容发表观点，在学生小组活动或双人活动的过程中创造了交际机会。个人观点的表述对于培养学生的语言思维能力也很有帮助。在教师的帮助下，使话题贴近生活，从而使学生的思想得到升华。基于以上思考，这节课做了如下设计：

1. 教学设计

Teaching material： Module 4 Unit 2 Working the Land

Lesson type： Reading—A Pioneer for All People

（1）学生分析。

Most of the students in this class are slow English learners. They are lacking in the passion in studying English，and may easily lose focus if they feel no interest in the topic or the task which is too difficult.

（2）教材分析。

The text mainly talks about Yuan Longping's achievements in farming and his great personalities. This topic is far from the interests of the students. So how to arouse the students' interests in this topic is a big problem. Besides，there are some new terms of fanning such as "super hybrid" "sorghum" "an ear of rice" "a grain of rice" which are totally strange to the students.

（3）教学目标。

After studying the text，the following goals should be achieved：

To train the students' reading skills.

To teach some new words and phrases.

To enable the students to pay attention to Dr. Yuan's noble personalities.

To encourage the students to be helpful to the society.

（4）教学策略。

① Task-based language teaching is adopted in this lesson.

② Design the layered reading stages to decrease the difficulty.

③ A situation is created to bring the topic closer to the students' life.

④ The multimedia is properly used in this lesson to motivate and interest the students.

（5）教学步骤。

Steps	Teachers' activities	Students' activities
Step 1 Leading-in	Show some pictures of delicious food and hungry children.	Discuss their likes and dislikes about the food. Discuss what the poor children need most.
Step2 Prediction	Ask the students to predict the contents of the text.	Have a free talk.
Step 3 Fast reading	Ask the students to look through the passage to check their prediction.	Read the passage with the topics they predicted.
Step 4 Main idea	Ask the students to listen to the tape. Choose the right topic for each paragraph.	Know about the contents of the passage by listening. Have a discussion about understarding the passage as the main idea of each paragraph.
Step 5 Layered reading	Ask the students to read the passage paragraph by paragraph to finish some comprehending exercises Paragraph 1：Correct some statements. Paragraph 2：Arrange the events in a proper order. Paragraph 3：Choose the right answer from the statements. Paragraph 4：Fill in the blanks according to the passage.	The students are asked to finish the tasks by reading，researching，discussing and cooperating. At this stage，they can solve the problems in reading with the help of the teacher.
Step 6 Pair work	Ask the students to make a short dialogue to discuss Yuan's personalities.	Practise a dialogue using different adjectives given to describe Yuan's personalities. Some pairs are asked to act it out.
Step 7 Writing	Ask the students to write a short introduction to Yuan according to the given facts.	Based on the given facts，students write a summary about Yuan，and then they check their wok with each other. Finally some writings are shown to the class.
Step 8 Extensive discussion	Show some pictures about Wenchuan Earhquake. Ask the students："What can we do to help the people in trouble?"	Discuss in groups and collect as many ideas as possible. Report the results of the discussion.

2. 课后反思

（1）课堂气氛活跃，师生关系融洽，学生能在一种轻松、和谐的氛围中学习英语，感受到学习的乐趣，激发学习的兴趣。

（2）本课的引入较好，先是呈现了许多美味食物的图片，学生根据自己的喜好选择自己最喜欢的食物；紧接着呈现非洲饥饿儿童的照片，给学生带来了视觉和情感上的冲击，很快就抓住了学生的注意力。

（3）以任务为基础展开教学，教师设计环环相扣，过渡自然。教学活动贴近学生生活。做到了让学生在完成任务的过程中进行语言的学习和训练。阅读设计先整体后分层，充分考虑了各个水平学生的学习需要，使大部分学生获得了学习上的成就感。

（4）较多的语言输出，使学生在说和写的过程中巩固了对阅读内容的理解，语言综合运用能力得到提高。例如，设计的Step 6和Step 7，在课堂上都取得了良好的效果。

（5）话题拓展部分引入汶川地震，结合时事，引发学生对人生意义、生命价值、个人对社会如何做出贡献等问题进行思考，培养了学生的英语思维能力，同时也升华了主题。

（三）增强引导意识：加强输出监控与评价

在对语言输出的监控中，教师需把握三个方面：

一是优化评价方式，防止评价的低效能现象。诸如good、thank you之类的评价语无法给学生提供明确的语言诊断和反馈信息，尤其是目标语的使用情况。为此，教师在邀请学生做展示或汇报讨论结果时需要进行及时的板书，及时记录学生的观点以及表达中新语言的使用，对学生的输出环节严格把关。

二是在及时关注学生的语言输出、及时了解学生掌握新知识的基础上，适时调整活动的目标导向以及活动的方式。例如，在听完第一组、第二组的展示汇报后，若发现学生的语言输出基本与目标语无关，教师可有针对性地进行引导，再次复习强化文本的核心语言，让学生自我检测是否在表达中用到了、用对了这些语言；然后，再让两组学生展示汇报，再进行跟踪反馈和调整，以此提高学生在言语中运用新语言的自我监控意识。

三是在学生讨论汇报结束后教师应适时借助板书中留下的核心观点、核心语言进行归纳总结。讨论后，教师如不及时进行总结，就难以使学生对讨论的结果和讨论中出现的问题留下深刻的记忆，不利于学生对讨论的问题与新语言的运用形成明确的认识。

案例1：Module 2　My New Teachers（外研版Book1）

任务：

Task 1. Pre-reading：Make predictions about the three teachers according to the three pictures on P12 by answering the following two questions.

（1）What are your impressions of each teacher?

（2）Which teacher do you think the students like a lot?

Task 2. Fast-reading：Read the passage fast and finish the following two tasks.

（1）Check your prediction.

（2）Match each paragraph with its main idea.

Paragraph 1 Mr.Wu is popular with students.

Paragraph 2 Mrs.Li is a patient and kind teacher.

Paragraph 3 Mrs.Chen is a good but strict teacher.

Task 3. Careful- reading：Read carefully and fill in the chart.

Name	Subject	Appearance	Personality	Teaching style
Mrs. Li				
Mrs. Chen				
Mr. Wu				

Task 4. Post- reading：Which Teacher do you like most? Why?

分析：四个阅读任务从目的上看，主要是训练学生预测、理解大意、了解重点细节等阅读技能；从难度上看，Task 1和Task 2都可直接在原文中找到答案，较容易。Task 3需先归纳教师的几个方面，有一定难度。Task 4相对开放，可拓展学生的思维，培养学生的语言运用能力。

教学预设：通过四个任务的设置，实现阅读的导引。Task 1为阅读的第一阶段，Task 2和Task 3为阅读的第二阶段，Task 4为阅读的第三阶段。任务设置符合学生实际，多数学生能顺利地完成阅读任务。

教学反馈：在完成任务的过程中，学生独学、对学、群学相结合，课堂氛围较好。在完成四个阅读任务后，学生对文中提到的三位老师有了清楚的认识，对自己心目中的好老师有了更好的定位，提升了阅读技能和学习策略。

案例2：Module 6　The Internet and Telecommunications（外研版Book1）

任务：

Task 1. Pre-reading：Answer the following question before reading.

What can we do on the internet?

Task 2. Fast-reading：Read and answer the following questions.

What's the main idea of each paragraph? And how many parts can the passage be divided into?

Task 3. Careful-reading：Read the passage carefully and finish the following two tasks.

（1）Activity3，P53.

（2）Choose the correct answer according to the passage.

① At present，the biggest source of information in the world is________.

A. the World Wide Web

B. Bill Gates

C. NSFNET

D. the internet

② In Paragraph 2 the word "talk" means________.

A. communicate

B. say something

C. make a phone call

D. write an E-mail

③ From the passage we can infer that________.

A. only English and Chinese are used in the web

B. more and more languages will be used in the web

C. language is not a problem in the web

D. Chinese will be used more than English in the web

Task 4. Design 2 questions by yourself according to Paragraph 4 ~ 6.

Task 5. Post-reading：If you were Berners-Lee，would you share the World Wide Web with the world? Please share your ideas with your partner.

分析：任务梯度明显，任务简单（Task1、Task3）与难度较大的任务（Task 2、Task 4）相结合。任务设置重点突出理解文章结构（Task 2）、推理判断（the third question of Task 3）等较高层次阅读技能的培养。

教学预设：控制性任务与开放性任务相结合，难度较大。因此，教师应鼓励学生合作探究，给予学生足够的独学时间与交流时间，并跟进指导。

教学反馈：大部分学生能在任务的监控下完成学习任务。Task 4自主设计问题中，学生根据文章，生成新的内容。问题除涉及细节外，还有逻辑关系、评价阅读内容，如“Why isn’t Berners Lee a millionaire although he has invented the World Wide Web?”。在Task 2中，独学与班学有机结合，一部分完成该任务有难度的学生在班级合作中得到帮助和提升，发展了学习策略。

第二章

高中英语阅读理解教学

第一节　高中英语阅读与教学的重要性

一、英语阅读的教学目标

阅读能力是衡量学生英语水平的重要指标，这决定了阅读教学在英语教学中的重要地位。为了有效地实施新课程标准，并提高学生的英语口语和理解水平，有必要在教学过程中，引入更多的英语课外书籍或杂志，以提高他们的阅读能力。适当增加课外阅读量，能够满足学生的学习需求，提高学生的英语阅读兴趣，提高英语阅读教学的效率。

二、英语阅读教学的作用

英语阅读有广泛的应用。一般来说，只要有英语文本，就会有英语阅读。英语阅读就是有目的地阅读英语文章或段落，英语阅读能力的高低直接影响到英语技能的高低。可以说，英语阅读在英语技能的发展中起着决定性的作用。仅仅掌握语言知识并不是英语阅读教学的目的，大多数教育工作者认为，英语阅读的根本作用是帮助学生丰富知识，接触不同的文化，开阔视野，培养阅读习惯和阅读技巧，为学生的终身教育奠定良好的基础。英语阅读教学是为了培养学生的阅读兴趣，增加词汇积累，增强语言意识，获取新的语言知识。对语法和词汇的研究不是英语阅读教学的重点。

（一）强化语感，提高学生英语口语和写作技能

为了使学生高频率接触除课本以外的英语材料，教师通常会引进各种英语报纸、杂志或书籍等，为学生提供拓展阅读，并在英语阅读教学的过程中，不断强化阅读输入。随着时间的推移，学生在教师的引导下会逐步养成坚持阅读

的习惯。阅读的输入，不仅有利于培养学生的语感，而且在潜移默化中提高了学生的其他技能，如口语表达能力、写作能力等。另外，通过阅读英语短文，学生有机会接触地道的英语表达方式。

（二）接触外来新鲜文化，开阔学生视野

语言是文化的载体。我们都知道，如果我们想学好一门语言，我们必须更多地接触当地的风俗和民俗文化。英语课给学生提供了一个很好的平台来了解像英美这样的大国的风俗习惯。在这些丰富多彩的生活场景和日常故事的影响下，学生的阅读水平会很好，而且成绩、语法、时态等都不会成为他们快乐学习的障碍。越困难，就应该用越熟练的方法来处理它们。英语学习的最高水平是让学生吸收外国优秀文化的精华，从而有效地帮助学生在阅读过程中增加自信心，减少失分。

（三）培养积极向上的生活态度

教师挑选的非常具有时效性和积极向上精神情怀的英语阅读材料，有助于学生逐步树立正确的人生观、价值观和世界观，使学生具有积极乐观的生活和学习态度。同时，具有趣味性、创新性和时代性的阅读材料还可以缓解学生沉重的学习压力，将压力转化为前进的动力。

（四）阅读是外语学习最有效的途径

阅读是一种运用读者智慧和已有知识理解文本内容的复杂的认知加工过程。阅读是人类社会中不可缺少的一种活动，是人类传承智慧的重要手段，是学习各门学科的基础，是掌握外语的重要途径之一。思辨能力离不开宽广的知识面。广泛阅读能够完善学生的知识结构，阅读优秀作品能够启迪学生对生命和人生的思考，帮助学生洞察人性的优、缺点，学会与不同的人和平相处，互利共赢，使学生的精神受到优秀人文思想的熏陶，塑造人格，促使学生的个性得到健康的发展。阅读优秀作品能够引导人们对生命和人生进行重新思考，给人们打开一扇通向人类灵魂的门，引导人们去感悟人生，学习如何生活，学会理解和宽容他人，陶冶人们的情操，促进个性健康发展。此外，阅读还可以快速有效地促进词汇习得，加深学生对词汇的理解。

在高等教育国际化的今天，阅读具有极大的现实意义。随着经济全球化的不断深入，高等教育国际化的趋势席卷全球，英语逐渐演变成一种全球化的语言。各国综合国力的竞争归根结底是创新型人才的竞争，培养高层次创新型人才成为各国高等教育的重中之重。要实现高等教育国际化的目标，就必须具备国际化的课程和师资力量，必须打破各国之间教学语言的壁垒。

三、英语阅读教学的原则

教师的学习习惯、教学条件、教学环境、教学目的和学生主体的影响，使得在实际教学活动中会出现各种形式的阅读活动，这也是英语阅读教学实践多样化的原因。然而，这些不同形式的英语阅读活动仍然离不开英语阅读教学的本质。在理论层面，我们需要遵守相应的英语阅读教学原则。教师应根据教学实践的需要，根据以下原则组织英语阅读活动。

（一）选择合适的教学模式

“自下而上”“自上而下”“相互作用”三种阅读模式各有利弊。为了充分理解英语单词的含义，研究语法句型，教师在教学过程中主要可以采用“自下而上”阅读模式，让学生逐字逐句地阅读文章，仔细分析、理解词汇和句子结构，为了达到教学目标，为了激发背景知识，构建整体知识体系是教学的关键课程。教师在教学中主要可以采用“自上而下”阅读模式，使学生在现有知识结构框架的基础上全面理解阅读材料，进而达到教学目的。由于每个阅读课的教学重点不同，教师应根据教学重点选择适当的教学模式，以达到英语阅读教学的根本目的。

（二）尽快开展阅读教学

根据文章体裁不同，阅读的内容可以是诗歌、小说、散文、论述、论证等。在篇幅上，阅读的内容可以是整篇文章、一个段落，甚至是一个词。当学生看到一封信时，可以说是阅读活动的开始。阅读可以说是无处不在，人们的学习与理解始于阅读，教师应尽快开展阅读教学。相关研究发现，一个人一旦养成不良的阅读习惯，就很难再改变，导致他的阅读能力低下，难以提高阅读效率。因此，教师应从一开始就教授阅读技巧和阅读策略，尽快培养学生正确的阅读习惯。

四、英语阅读的教学方法

教学方法是教育理念的体现。不同的教师采用不同的教学方法。但归根结底，它是教师和学生在实现教学目标的前提下所选择的有效行为方式的总和。

（一）精读和广泛阅读

在积累词汇和丰富语言知识方面，广泛的英语阅读无疑是一种有效的方法。在广泛的英语阅读中，学生可以积累丰富的词汇，理解词汇的含义，掌握语法、句型等基础知识。为了培养学生的理解能力和分析能力，教师应引导学生认真阅读文章，认真分析不同体裁文章的特点和内涵，使学生能够学习运用文章的语境和语境之间的联系，预测和推断文章的中心思想。因此，精读和粗读是相辅相成的阅读方式，教师应鼓励学生将精读与粗读结合起来，以提高学生的整体阅读效率和阅读能力。

（二）处理理解和速度之间的关系

人们通常认为仔细的理解和快速的阅读是矛盾的；阅读速度的提高将不可避免地影响对文章的理解；要充分理解文本的意义，就必须放慢阅读速度，认真分析文章的内容。事实上，影响阅读速度的因素是学生短时记忆的信息处理能力和储存在长时记忆中的知识系统结构，因此如果处理得当，理解和速度可以相互促进，共同提高。阅读速度快，学生在有限的时间内获得更多的材料，理解自然会随着材料的积累而增加。

五、建构主义理论视角下的英语阅读教学分析

相关内容见第一章第一节的五大点。

第二节　高中英语阅读理解与能力

一、阅读理解

阅读，说到底是读者和作品乃至作者之间的交流，双方的沟通体现在读者能够正确理解作品。语言理解是一个极其复杂的过程，对这一过程的研究一直是语用学家、心理语言学家、认知科学家以及语言教师为之呕心沥血的难点和核心课题。

语言心理学认为，语言理解可以分成三个不同的层次或水平：

第一，语言识别。语言识别主要是通过知觉加工，对以听觉或视觉形式呈现的语言刺激进行初步的编码。这是语言理解的初级水平，它受语境、词频等因素的影响。

第二，句子的理解。句子是表达思想的单位。句法分析的过程是指依据一定的句法关系，建立句子的结构，构建相应的命题，做进一步的理解，找到句子的意义。

第三，文章的理解。在正常情况下，人们阅读的不是单个孤立的句子，而是由一系列句子组成的课文。譬如，记叙文和议论文的体裁是不同的，对它们的理解应该不一样：前者要求把握事情的发生、发展、人物、事件和结果；后者则需要理解文章的论点、论据和结论。对通信、散文、小说、诗歌等的理解也有各不相同的要求。

二、高中英语阅读教学中常用的策略

（一）建构策略

对于阅读理解来说，它不是一个简单地从单词到意义的转换，而是一个思考的过程，它以读者现有的知识结构为基础，重新建构文章的意义。阅读活动是读者根据自己的需要，往往是有一定目的的个性化行动，读者不可避免地将自己的认知习惯和生活经历带入阅读情境，对文本理解产生影响。“一千个读者眼里有一千个哈姆雷特”，这也说明读者在阅读中的观点、感知和结论必须与自己的知识体系、认知、阅读期望密切相关，具有鲜明的个性化色彩。因此，在英语阅读教学中，教师应考虑学生阅读过程的独特性。

在英语阅读教学中，教师应将学生视为积极的阅读信息处理者和意义建构者。不能将教学计划中的参考信息强加给学生，使学生成为被动的信息接收者，在很大程度上，这一概念与建构主义的语言教学观点是一致的。因此，将建构主义教学理念融入英语阅读教学，符合学生认知发展规律，对优化传统英语阅读教学具有积极的意义。在传统的英语阅读教学中，教师往往注重英语词汇、语法、句型等知识的教学，而不注重学生阅读能力的培养。教师是教学的主体，学生只能被动地接受知识的灌输，完全忽视了学生在阅读过程中的独特性。这种教学方法直接导致学生得不到构建信息意义的机会，也无法与原有的知识体系相衔接，从而未能在深化和巩固原有知识体系的基础上实现扩大知识结构的目标。在英语阅读教学中，学生对语言输入材料的理解和吸收是基于他们对材料主体的选择性关注。语言输入的理解要求学生借助已有的知识经验和认知结构，构建新的知识和信息系统。这要求教师注意学生在英语阅读教学中语言知识的积累和物质背景知识的渗透，鼓励学生利用现有的背景知识和信息，帮助自己学习、理解和输入信息，并将现有的知识体系与新的理解以及所获得的知识结合起来，构建新的语言知识，培养学生的语言理解能力。

建构主义理论认为，学生获得新知识实际上是一个积极的知识建设过程。学生在有选择地关注输入材料主体后，也需要积极建构输入信息，以完成知识的吸收。学生输入材料的信息构建是从语言输入吸收知识的过程，它也是构建输入语言信息的新知识以及学生现有知识和经验的过程，包括信息同化和适应，这一过程是主动建设，而不是被动接受。因此，学习和吸收新知识的过程不只是积累，更是理解、思考、同化或适应过程中的相互作用。建构主义理论在英语阅读教学中的应用对学生的语言知识学习产生两方面价值：一方面，学生要全面、灵活地转移已有的知识体系，并根据具体的阅读材料进行重构，就必须对已有的知识进行整理，用已有的知识解决当前存在的问题；另一方面，在原有知识背景的基础上重建知识结构是对已有知识的延伸，是对输入语言知识的超越。

（二）三阶段阅读策略

根据教学实践，结合教学需要，在实际教学过程中，教师根据阅读程序将阅读活动分为不同的阶段，并根据不同阶段的特点和要求实施不同的教学策略。阅读教学具体分为阅读前活动、阅读活动和阅读后活动。整体阅读方法的核心是，在阅读活动过程中，将通读与精读相结合，选择语言和阅读技能训练，培养学生的阅读能力。

1. 预读策略

预读活动是阅读活动的预备阶段。学习新词汇和理解知识背景是预读活动的两个主要任务。设立预读活动的主要目的如下：第一，合作阅读。合作阅读是培养学生阅读习惯和能力，帮助学生积累词汇和英语句型的有效教学方法之一。实现合作阅读的主要途径是学生之间的合作，通过合作阅读培养学生的阅读理解能力。尤其是语言能力参差不齐的班级，合作阅读使学生能够相互促进，相互学习，相互补充，共同进步。在实践教学过程中，合作阅读可分为预读准备、材料阅读、意义理解、评价和反思四个阶段。阅读合作小组的分组方法应遵循人人参与的原则，确保每个小组都有组长负责有效开展各阶段的阅读活动，确保阅读活动的顺利开展。组长负责提示阅读活动操作步骤、阅读问题，协调小组成员的专题参与和阅读合作，以确保每个成员的有效参与；积极调动气氛，鼓励小组成员积极参与，并就今后的活动提出意见。过程监测人员负责各阶段合作阅读的进度，活动结束后把讨论的结果念出来。合作阅读应贯穿阅读活动的全过程。第二，问题驱动。问题驱动是指在阅读前提问，让学生有目的地参与阅读活动，激发学生的阅读热情，是全面开展阅读活动的途径之一。阅读活动的问题可以根据阅读的事件、线索、论证、作者的观点及态度和读者对阅读材料的主观认识等因素提出。学生应根据解决问题的需要，选择适当的阅读方法，阅读时应带问题。在合作小组中，学生可以先讨论和解决问题，并进行总结，然后以“说”的方式向教师报告。教师应引导和评价学生的发展，及时发现学生理解课文的错误，及时解释。

2. 读中策略

预读活动结束后，学生保留了输入材料的背景知识，重新梳理了知识结构，并在情感、期望、学习目标等方面做了一定的准备。阅读的中间阶段是整个英语阅读教学活动的主体，活动的主要内容是学生的阅读。教师必须明确学生阅读的学习目标，没有目的的阅读是无效的。阅读活动的教学目标是培养学生的阅读能力，在这一阶段，教学策略可分为速读策略、精读策略和研究策略。

（1）速读策略

速读的主要目的是了解文章的大意，对文章的整体组织结构形成初步印象，采用略读和跳读的方法对文章进行全局性阅读的一种阅读策略。在对议论类文章进行阅读时，要注意论点通常在第一段就点出，中间段落提供论据予以论证，最后一段总结全文，重申论点。议论文的每一段都会有主题句，位置经常固定在段首或段尾。所以，学生在阅读时要在文章的这些位置多加留意，就可以快速地抓住文章的总论点和分论点，厘清文章脉络。对叙事类文章的阅读要注重文章人物、情节及环境三大要素，把握文章主题。说明文有一个非常明显的特征是，每一段都有中心词句，只要找到这些中心词句，对文章的理解就会变得很清晰。另外，在速读环节要充分把握时间，保证限时阅读的效果。

（2）精读策略

精读策略是指在学生了解了阅读材料的大意与基本结构之后，挖掘文章深意，了解更多深层次的信息，同时学习更复杂的语言知识。

（3）研读策略

在精读后，学生对阅读材料的理解与把握应该说是比较深入了，这时就要进入研读环节。研读又称为评读，即学生理解文章作者的思想意图后，结合自己的理解与感悟，对文章给出自己的评价。这是对学生能力的一次提升。在研读环节中，教师要帮助学生对阅读资料内容思想进行升华，帮助学生了解学习的目的。

3. 读后策略

读后活动有两个：一是根据阅读内容所进行的各种思维活动；二是鼓励学生将所阅读的内容与自己的经历、知识、兴趣和观点相联系。

在合作阅读小组内，可进行以下活动：一是对阅读质量的检查评估；二是对学生阅读过程表现的评估；三是对策略使用的评估；四是将阅读信息与材料外的信息相连。

阅读后活动的设计形式多样，但要联系文章的内容。每次阅读活动进行后，教师可根据文章话题，安排学生就相关文章进行阅读，获取更多语言知识信息。学生可根据自己知识结构、生活体验与兴趣选择阅读材料，教师也要采取一定的措施关注学生自选阅读活动的开展情况。

第三节　影响高中英语阅读的因素

人们普遍认为词汇量与阅读之间有直接的联系。一个人知道的词汇越多，阅读能力就越强。因此，很多教师试图通过词汇教学来促进阅读理解，如要求“高中三年学生应该掌握3500个单词以及一定量的常用词组，其中高频词汇掌握的单词为1500个”，却忽略了其他方面的因素。无论是英语还是汉语，词汇知识在阅读中的地位都是不容小觑的，但是如果在阅读教学中，只强调词汇的作用，那么对学生阅读水平以及整体英语水平的提高都是没有好处的。

语言知识包括语音、词汇、短语、句子与篇章结构等。词汇是语言的三大要素之一，是英语阅读的重要基础。在阅读理解时遇到的最大问题就是词汇的缺乏。没有一定的词汇量基础，学习者就基本上无法完全理解一篇文章的内容。有学者发现，外语学习者如拥有6000词汇量，阅读正确率可达60%左右，词汇量达到7400，阅读正确率可达73%。因此，扩充词汇量是提高阅读能力的基础。相对比较发达地区的孩子一般从小学一、二年级开始接触英语，但英语学科不进行考试。三年级开始正式学英语，英语成绩纳入考核范围。因此，进入高中时他们已经学了7年英语，此时他们词汇量较为丰富。按照中考要求词汇量约为1680个单词，以及305个短语，但在考试要求上会对构词法、词汇的语境掌握有相应的考核，所以词汇量并不是一个单纯的考查概念。要多多阅读，掌握必会词汇的各种使用方法才能提高阅读效率，但是实际上，很多学生没有掌握那么多的词汇，很多人英语学习没有入门，连很多基本的单词都不认识，入学考试的英语成绩也就是30～60分。在英语阅读中遇到的生词的含义通常只要通过对上、下文的理解就能完全展现出来，并易于识记、理解、掌握。换句话说，是上、下文给某个词以特定含义，而这个特定含义往往是字典无法提供的。

一、词汇知识

（一）词汇广度深度与阅读理解

1. 词汇知识水平

（1）词汇知识水平的维度

词汇知识的研究对于外语阅读教学显得尤为重要。制定外语教学大纲、编写教材等教学活动的依据之一就是对于词汇知识的广度和深度的测试结果。词汇知识的广度和深度是英语词汇研究中的两个重要维度。

（2）词汇概念的拓展

要讨论词汇广度和深度对阅读理解的影响，首先明确一下词汇的概念。在我国长期的高中英语教学过程中，由于种种原因，部分教师对词汇的理解仅仅停留在单词上面。国外在20世纪90年代初中期对英语教学中的词汇概念就已研究到位，英语词汇内容不仅包括单词，还包括一些固定短语、习语以及固定句型等。1993年，英国语言学家迈克尔·刘易斯（Michael Lewis）提出了词块教学法（Lexical Approach）概念，从此打破了英语词汇只包括单词学习的观念，使词汇学习还包括单词所组成的语块。因此，词汇教学的重要内容应包括：①单词（words），如school；②短语，如in the end、catch up with；③搭配，如answer the question/the phone；④习惯用语，即交际用语，如“I'll get it.” “That'll do.” “If I were you，...”；⑤固定句式，如“It is said/estimated that...”这一类，也包括语言框架语，如“In this paper we explore...” “Firstly... Secondly...”。由此看来，英语词汇的概念问题并非一个简单的问题。对于词汇概念的误解也是影响阅读理解的一个隐藏因素。了解这一点对于英语词汇的教学乃至整个英语教学有着非常重要的意义。

2. 词汇知识的广度和深度对阅读理解的重要性

（1）词汇量对阅读的重要性

词汇知识的广度（Range）或宽度（Breadth），俗称词汇量的大小，指语言使用者或学习者所知的词汇总量。语言学家威尔金斯（D.A.Wilkins）对于词汇在语言习得中的重要性曾说：“没有语法，很多东西无法传递；没有词汇，则任何东西都无法传递。”第二语言阅读专家格拉贝（Grabe）认为“The lack of such vocabulary may be the greatest single impediment of fluent reading."。海恩斯（Haynes）和贝克（Baker）认为，第二语言习得者最大的障碍并不是缺乏阅读策略，而是词汇量不足。很多人都研究证实词汇量与阅读呈显著的正相关关系。如果没有达到高中英语所规定的词汇量，就会对学习者的阅读理解造成障碍。

据说温斯顿·丘吉尔掌握30000单词，而像霍尔丹（Haldane）这样的教授可以掌握500～6000单词，一个中等的本族语读者可以识别大约50000个词汇。在要求中学毕业生掌握的英语单词数量上，日本为5900个，俄罗斯是9000个，而我国中学英语大纲的要求只为1700个。

（2）词汇能力的重要性

词汇的熟悉度是词汇能力的一个指标。对于词汇熟悉的不同程度，尽管难以察觉，但从学习者的经验来说是逐步加深的。最初的熟悉度是指第一次接触一个单词后在另一个语境中可以辨认该单词；较高的熟悉度是指对一个单词熟悉到能够使用的程度，表现为掌握该词的发音、拼写、各种不同意义、各种搭配关系、句法功能、联想意义等。

（3）词汇深度对阅读的重要性

对于词汇广度的定义在李俊和张学宾的研究中都定义为语言学习者的词汇总量，但对词汇深度的定义和分类却不尽相同。李俊研究的词汇深度指词汇的语境定义，主要涉及三个方面：词汇定义的精确度、语境择词能力和词汇的句法特征。而张学宾等人研究的词汇深度主要涉及三类指标：词义、形名搭配和动名搭配。李俊发现词汇量与阅读理解的关系最密切（$r=0.62$），其次是词汇的句法特征（$r=0.60$）和语境择词能力（$r=0.50$），而词汇的精确度与阅读理解的关系很小（$r=0.29$）。有关词汇深度知识的研究有词块教学法（Lexical Approach）和词语搭配（Collocation）等。学术界在研究词汇知识深度尤其是语块和搭配方面运用了不同的术语。

（4）扩大活用词汇，提高词汇能力

目前相当一部分学生对于词汇的学习存在误区，他们要么不重视平时的词汇积累，只是在临考前一味地搞突击学习，或者挑选一本英语词汇手册逐页背诵，词汇量也达到几千个。然而靠死记硬背一个个孤立的单词，只能了解词汇的一般核心意义，而对于词汇的外延语义以及用法搭配等方面很少去进一步深究，对一个词汇的了解只知其一不知其二，在阅读时只是把词汇和语法机械地套入文章中，遇到生词或多义词词义外延时，便茫然不知所措，虽然突击学习了一大堆单词，但许多词汇仅仅是似曾相识、印象模糊的符号，这样的消极词汇或接受性词汇量在一定程度妨碍了理解。与此不同，记忆过的单词要不断地在阅读实践中进行巩固，才能获取运用词汇的能力。有词汇能力基础的词汇量才是最牢固而可用的。

词汇知识不等于语言技能，把知识内化为语言能力只能通过不断练习。根据许多词汇研究者的观点，在语言学习者的词库里，存在认知词汇和活用词汇两种词汇，并且活用词汇总是小于认知词汇并从认知词汇转换而来。要使学生掌握的词汇信息完整全面、具有相当的语义张力和理解张力，需要把认知词汇转换成活用词汇，实现这个转换必不可少、最直截了当的方法就是大量阅读。在英语教学中存在这样一个悖论：学习者需要丰富的词汇才能广泛阅读，而广泛阅读是扩大词汇量的一个有效途径，两者互为因果。词汇量小的学生需要一次次反复“遇到”他们刚学过的单词，才可能真正地扩大词汇量，这种词汇习得策略也叫“伴随性习得”。只有当某个单词一次次地被遇到并且在不同的语境中被理解含义，它才能变成一个读者即识词汇（Sight Vocabulary）的一部分，即阅读时能够立即识别的词汇，即那些能够不用专门的努力就可以识别读音和意义的词汇。高效率的阅读始于对单词的快速自动识别。一个人不可能用充斥了不熟悉词汇的文本培养阅读技巧。只有精确、快速、自动识别词汇的过程才会使得读者的思维免于动用其他的思维资源，诸如运用推论能力、词汇知识、话题知识等来构建词汇意义。换言之，如果没有迅速识别单词的能力，就没有足够的资源可以利用，以帮助理解，因为我们的思维将会被只想弄明白这些词汇的意义是什么以及忙于在词典上逐个查阅单词等任务所完全占据，而非弄明白这些词汇所提供的语境。放慢读速并把注意力放在识别单词上干扰了我们对于意义的构建，尤其对于初学阅读的人更是如此。最负面的影响是，这样往往有可能使人感到阅读的动机削弱以致完全放弃。即使我们能够猜测未知单词的意义，先决条件是有足够的已知词汇来提供进行猜测的必要环境。为达到流利的、有意义的、享受的阅读，陌生词汇的比例应小于3%。因此，帮助学生培养自动识别词汇的能力是培养其阅读技能的基础。

对于词汇广度和深度与阅读关系的研究对高中英语阅读教学的一个重要启示在于，教师应该尽量给学生介绍一些泛读阅读计划，并鼓励学生在课后进行充分的阅读，包括报刊新闻、英文原著、诗歌等各种题材和体裁的材料。需要注意的是，所选材料必须适应学生水平，使学生的阅读动机保持在较高水平，以便学生通过与其他人分享阅读经验产生成就感。教师可鼓励学生随时携带词汇笔记本，无论何时需要都使用词典查阅，撰写读书报告并做班级记录等。这些方法将有助于学生成为自主学习者，培养其主动阅读的兴趣和习惯。但是具备了足够大的词汇量是有效阅读理解的一个必要条件而非充分条件。了解词义非常重要，但仅仅是第一步，不能仅停留在对词的表面意义的了解上。词汇知识不仅有广度，还有深度。因此，在词汇教学中不仅要重视“量”的增加，更要重视“质”的提高，强调各类词汇知识的联系，建立起学习者的较为完整的语义网络，达到触及一点、激活一片的效果。只有这样，学生所掌握的词汇知识才能在阅读时随时提取，运用自如。

（二）词汇文化含义与阅读理解

1. 无对等词词汇

无对等词词汇是指一种语言中的某些词在另一种语言里没有相对应的词。这种情况下，如果缺乏相应的文化知识，阅读中无疑会造成理解的失败或偏差。

美国英语中有大量的以self和ego组成的词组，如self-actualize（自我实现）、self-affirmation（自我肯定）、self-esteem（自尊）、self-centered（自我中心的）、self-fulfilling（自我实现的）、self-identification（自我认同）、self-love（自我怜爱）、self-made（靠自己奋斗成功的）、self-praise（自我吹嘘）、egotism（自私自利）、ego-trip（追逐名利）等。无对等词词汇在各种语言词汇中所占比例不大，但每一个无对等词汇都承载着丰富的文化内涵，对它们理解的偏差，不可避免地影响到跨文化交流的顺利进行。

2. 蕴含社会文化历史意义的词汇

从社会语言学的观点来认识，语言是一种社会现象，它的本质属性是一种社会的交际工具，是为了满足社会的交际需要而产生、存在和发展的。语言具有鲜明的社会特征，最能记录和反映一个国家的历史变迁、文化发展。词汇是语言的基础，是历史变迁、文化发展的积淀和结晶，人类发展进步的痕迹在字里行间无处不在，一个民族特有的历史文化现象也从中折射出来。

美国英语词汇文化更是包罗万象，它像一面镜子，折射出美国独特的社会发展进程和特有的历史文化现象：美国黑人、殖民地、西部开发、禁酒、对外侵略扩张、反文化运动等。某一历史时期产生的词汇犹如一幅再现社会生活的画卷，每个词都反映着创造使用者的背景。

以西部开发为例，在这一时期形成的西部文化和语言形式在美国文化和美国英语的发展史上占有不容忽视的重要地位。据统计，在1815—1865年间的西部开发时期，产生了数千个富有美国民族特色的新词语，当中既有创新字，也有从英语词语中引申而来的旧字新意，如Gold Rush（淘金热）、Gold Fever（淘金热）、pay dirt（淘金场）、gold digger（淘金者）、pan for gold（用淘盘法淘金）、grubstake（提供给探矿者的贷款）、make a stake（赚钱，发财）、firewater（烈酒）、coffin nails（香烟）等都是烙上西部开发时期“淘金”印记和反映西部开发者的业余消遣活动的词汇。1848年在加利福尼亚的亚美利加河边一个锯木厂发现黄金，第二年便出现了大规模的Gold Fever，大批淘金者蜂拥而入，仅在1849年这一年就有10万人前往加利福尼亚，加入淘金大军。直到今天，加州仍被称为the Golden State（金州）。当年的淘金人史称Forty-Niners。

3. 习语

（1）习语的定义

习语是idiom一词的汉译。人们对习语的定义有不同的看法、不同的侧重点。按照传统理论，习语被认为是不可分析的，因为它们的意义不是因构成词起作用而形成的。习语的意义不能只通过了解构成词的意义和熟悉语法结构来确定，习语意义必须作为一个单位来学习。因此，习语意义是无法解释，也是无从预见的。

（2）习语的分类

我国著名学者李赋宁先生在《英语的习语》一文中把成语分成以下五类：

① 语法结构上的特殊用法，如“It’s me.”，而不是“It's I.”；“Who are you waiting for?”而不是“Whom are you waiting for?”。

② 相当于各种语法词性的短语，即名词短语、形容词短语、动词短语、副词短语。其语义和字面意义是有区别的，如a man in the street（普通老百姓）是

名词短语，black-and-white（黑白分明）是形容词短语，get back at（向……报复）是动词短语。

③ 结构有更大的独特性，语义完全与它们的字面意义风马牛不相及的短语，如kick the bucket（死）、burn the candle at both ends（过分消耗精力）等。

④ 问候、寒暄、赞美、感叹、谴责、抱怨等表达心情和态度的习惯用语，如how are you、how do you do、many happy returns of the day和dear me。

⑤ 英语格言和谚语，如“Light come light go.（来得容易，花得快。）”“Handsome is that handsome does.（行为美，才是真美。）”。积累英语习语知识，有助于我们了解英语民族的地理环境、历史发展、风俗习惯、寓言神话和文化艺术，进而有助于我们提高阅读理解的能力。

（三）词汇习得策略

1. 词汇教学明确化

充分利用教材提供的即识词汇快速有效地扩大词汇量。英语词汇的教学方法从传统的bottom-up approach（“自下而上”阅读模式，即按单词、短语、句子、篇章由小到大按顺序理解）、explicit instruction（明确直接地以讲解词汇、语法为主的教学）发展到20世纪七八十年代的top-down approach（“自上而下”阅读模式，即抓住主题、识别中心思想及段落大意、根据上下文推断生词的大致意思的快速归纳法，强调使用“英英”字典、避免使用中文的对应词来定义，等等）、communicative approach（交际法）。

此外，越来越多的研究显示了单一使用上下文推测法来进行词汇教学的局限性，以及在使用该法时必须具备的词汇基础或必须与bottom-up approach相结合。国际上第二语言的词汇教学理念从传统的直接词汇教学法（语法翻译法），到20世纪七八十年代偏向于非刻意的自然掌握（incidental），终于从20世纪90年代中期起回到了两者优势的结合点——top-down approach和bottom-up approach的结合；词义推断（contextual guessing/implicit）与即识词汇（sight vocabulary/explicit）的结合。近来国外第二语言教学领域的许多研究都指出在指导学生通过上下文推断词义的同时，有必要使用明确的词汇教学法（Explicit Vocabulary Reaching），有必要积累大量的即识词汇，类似生词表的双语解释，使学生在阅读时能立即知道词义，使理解更清楚顺畅。

目前我国高校广泛采用的几套高中英语教材都附有词汇表，有些提供英汉双语解释，有些直接用中文解释，这种形式灵活地根据学生实际英语水平提供的即识词汇，将大大提高学生的学习效率，有助于学生迅速扩大词汇量，迅速理解生词及短语在文中的意思，用最少的时间获取最多的知识，从而激发学生的学习积极性，领略阅读的乐趣。另外，在自由阅读过程中，学生还应学会多种手段结合，如快速有效地查阅字典并正确选择恰当词义，必要时进行有根据的词义猜测等，这也是当今英语教学中词汇处理的趋势。

2. 词汇归类范畴化

心理认知有自己的内在规律，如对于实际能感知的、具体形象的词语的记忆要比依靠想象才能感知的抽象词语更容易、更牢固。认识和运用这些心理认知规律对词汇学习有着重要的启示作用。

根据认知经验得知，人们易于感知具有同一特性事物的概念，而难以感知特性相异事物的概念。也就是说，人们对词语的记忆趋于归类和范畴化。归类和范畴化是人类思维、感知、行为、言语最基本的能力。在经验世界里，人们常常把事物分为不同的基本范畴，然后又分为更多的次级范畴，每一个范畴都包括一系列具有相同特性的事物，这样就可以将它们归类，便于储存记忆。认知心理学认为，在各范畴中，基本范畴的事物最容易处理和记忆。根据这些规律，在词汇教学中引导学生对同范畴特点的词汇加以归类，如下列词汇同时出现在词汇表中：flute、bake、horn、carrot、piano、pineapple、cinema、pub、church、drum、fry等。

我们可以将上述词汇分为四个范畴：

（1）food：pineapple、carrot.

（2）building：church、pub、cinema.

（3）to cook：bake、boil、fry.

（4）instrument：piano、flute、drum、horn.

分类归纳后的词汇更便于记忆储存和提取。

3. 词汇分主题网络化

认知心理学认为，读者对于新信息的接受、处理和理解是建立在掌握一定的相关信息的基础上；经过深层加工的信息要比只进行过一般加工的信息记忆更持久，因此经深层加工的词要比一般加工的词记得牢。学习者必须激活原有的词汇知识，在新旧知识之间建立一个完整的语义场，才能获得对新词汇的深加工，使新词记忆保持相对完整和持久。例如，对于turkey一词，可层层激活和提取a big meal—Christmas—Santa Claus—chimney—gift等其他词汇，建立一个有关turkey的语义场，获得对turkey一词的深加工，从而加深印象。学习者在学习中应注意到词汇之间的关系，大量运用联想记忆，可以使记忆牢固。

二、篇章类型

（一）篇章结构对阅读理解的影响

1. 语篇宏观结构

高中生阅读中的普遍现象是读完全文后，脑中只留下一些支离破碎的印象，而不知道语篇的整体意义是什么，“抓了芝麻，丢了西瓜”常被用来描述这种情况。为提高阅读理解，学生必须学会宏观信息处理，省掉次要信息，保留主要信息，对详细信息进行加工处理，概括成为宏观信息。这一过程就是运用宏观规则把微观结构转化为宏观结构的过程。这一方法可以使学生较快地从整个语篇中获得最大量、最重要的信息，对全文有一个总体的了解和掌握。

在安德森的认知心理学中就提出了在篇章中可能出现的8种类型的关系，见表2-1。

表2–1　篇章中可能出现的关系类型（资料来源：大学英语阅读教学理论与实践）

序号	关系类型	描述
1	反应	提出一个疑问后，接着就回答，或接着就解决
2	特定	在较一般的论点之后，给出一个特定的信息
3	理解	对论点予以解释
4	证据	提出论据支持这个论点
5	顺序	按时间顺序提出论点
6	原因	抛出一个事件作为另一个事件的原因
7	目的	提出一个事件作为另一个事件的目的
8	集句	提出一个论点的一个松散结构

尽管研究篇章结构的心理学家不一定都同意这8种类型的关系，而且几乎不同的心理学家都强调了篇章中不同类型的关系；但是，心理学家在强调研究篇章结构时必须研究篇章中的各种关系这一点上是共同的。

篇章结构描绘了篇章所表达的思想之间的关系，表明了篇章的作者是怎样组织他们的思想去传达一定的信息的。因此，篇章结构成了篇章的一种基本属性，这种维度对于刻画篇章的特征来说成了一种重要的、有用的变量。

2. 篇章分类及篇章模式

在《教学篇章语言学》中，刘辰涎把篇章模式分为以下几种：

（1）“问题—解决”模式。这种模式在不同的篇章类型，如论辩、说明性类型以及不同的主题领域和语境中常常出现。

（2）“主张—反主张”模式。在这种模式中，作者先提出一种普遍认可或某些人认可的主张或观点，然后进行澄清，说明自己的主张或观点，或者提出反主张或真实情况。这种模式是论辩类篇章的典型模式。

（3）叙事模式。几乎所有作品中都或多或少地出现叙事性篇章或其片段，如故事、笑话都属于叙事范畴。

（4）“提问—问答”模式。这种模式与“问题—解决”模式有相似之处，但该模式一般总是在篇章开头设置一个明显的、用提问方式表达的问题，篇章的发展主要是寻求对这一问题的令人满意的答案。

（5）“概括—具体”模式。这种模式又称“一般—特殊”模式、“综合—例证”模式或“预览—细节”模式。麦卡锡（McCarthy）认为，这种模式的宏观结构大致有两种：一种是概括描述—具体陈述1—具体陈述2—具体陈述3……概括陈述；另一种是概括陈述—具体陈述—更具体陈述—再更具体陈述……概括陈述。

3. 篇章分析系统

在阅读心理学的研究中，对于篇章理解的研究是最活跃的领域。20世纪80年代，这方面的研究有了巨大的增长。组织结构问题，在学习和记忆的范围内曾长期地被研究。到今天，这个问题已经在篇章理解的范围内加以检验。其中，使用最多的篇章分析系统有迈耶（Meyer）、金西（Kinsey）和弗雷德里克逊（Frederickson）先后在20世纪70年代提出的分析系统。

（1）迈耶的分析系统

迈耶的分析系统可运用于所有的说明文，并曾经被运用于故事的分析。分析的最小单位是思想的单元，这种单元包括在篇章中列举出来的、有实际内容的单元以及从篇章中推论出来的关系词。通过这种分析产生了篇章的单一的、有层次地组织起来的表征。迈耶把这种表征叫作内容结构。这种结构在微命题的水平上，主要是由篇章中的动词来保持命题的关系，而在命题的水平上，则是由修辞学的关系，如比较、类别等的关系来保持的。迈耶用她的分析系统研究篇章结构这一变量对于篇章回忆所产生的影响，有六个方面的发现：第一，位于篇章结构高级水平的内容比位于低级水平的内容，被回忆和保存得好些。第二，位于篇章结构中的高级部位的信息的不同项目，比位于篇章结构中的低级部位的不同项目，在记忆中更可能被整合。第三，在篇章中的概念之间的关系的结构，当它们位于篇章结构的高级水平中的时候，将极大地影响对于篇章的回忆。但是，当这种同样的关系位于篇章中的低级水平的时候，它们对于回忆几乎没有什么影响。第四，在篇章结构的高级水平中的不同类型关系，对于回忆有不同影响。第五，能够认识并能运用篇章中高级水平结构的学生，比起那些不能认识或不能运用的学生，能够在篇章的阅读中记住更多的东西。第六，训练学生认识并运用篇章中上层水平的结构，能够改善他们对于篇章的回忆。

（2）金西的分析系统

金西对篇章结构上层水平的分析，运用了一种自上而下的而不是自下而上的方法。也就是说，上层水平的结构是一种覆盖着命题分析的、独立的组织，而不是一种如同在迈耶的分析系统中所自然产生的结构。用金西的系统来进行关于篇章理解与回忆的研究，发现了篇章结构水平的效果（高水平结构的信息比低水平结构的信息要回忆和保持得好些，这和迈耶的发现是一致的）；读者用于阅读篇章的时间与他们所加工命题的数目之间的有规律的关系；以及篇章的可读性与论点的重复之间的关系。

（3）弗雷德里克逊的分析系统

弗雷德里克逊的篇章分析系统可以运用于各种类型的说明文。分析的最小单位是概念，它可能是一个词，也有可能是一个词组，它决定于篇章的特点和在篇章中存在的关系。分析的结果并不产生一种有层次的结构，而是产生一种结构的图解，这种结构的图解更多地具有网络的性质。弗雷德里克逊把他的分析系统运用于篇章回忆与篇章理解的研究之中，得出了以下结论：在篇章的回忆中可能发生对于篇章的详细的说明；而在对篇章进行理解的时候则可能发生过多概括、虚假的区别以及由篇章所引起的推论；清楚地表达出篇章中的逻辑关系，有利于阅读能力比较差的读者的理解。

阅读心理学家把篇章的结构分为三种水平。第一种是句子或微命题水平的结构，它所涉及的问题是，句子是怎样被结合起来的，以及它是怎样被组织到篇章中去的。第二种是段落或宏命题水平的结构，它所涉及的乃是段落中的逻辑结构。第三种是作为一个整体的篇章的上层水平的结构。在微命题的水平上，所讨论的是在个别概念或个别句子之间的关系；而在宏观结构的水平上，所讨论的则是在复杂的命题或段落之中的思想上的关系。在宏观结构水平上的关系表现为一种逻辑的或修辞的关系；而在微命题的水平上的关系则更多的是机械的或句法的关系。

有许多学科都在研究篇章结构问题，这些学科包括修辞学、语言学、教育学和心理学等。由于许多学科同时进行这方面的研究，加深了我们对篇章结构的各个方面的理解，但同时在研究中所提出来的篇章结构也多样化了。

（二）常用篇章类型知识

1. 记叙文的篇章知识

记叙文包括的范围很广，主要有日记、游记、传说、小说、传记、新闻、特写、访谈录、回忆录等。记叙文的特点是具有个别性、可感性和完整性。一般记叙文回答六个问题：时间、地点、人物、原因、经过和结果，在英语中一般称之为“5W”（When、Where、Who、Why、What）。在阅读过程中找出这些要素是阅读的一个重要任务。记叙顺序有顺叙、倒叙、插叙、补叙、分叙和合叙等。记叙文的写作常伴随着作者思想情感的流露，表达一种观点或说明一个问题，因此议论和抒情往往夹杂其中。无论是顺叙还是倒叙，在引出话题，讲完一件事情后，作者往往会表达个人感悟或提出建议等。所以，纯粹的记叙文不多，记叙往往为论说或说明服务。

2. 描写文的篇章知识

描写是一种重要的写作手段，作者通过描写来写人、写景或写物，将作者或叙述者的所见、所闻、所感传递出来，让读者也有身临其境的感觉。描写文与叙述文之间既有同也有异，其相同之处在于描写文也可涉及事件、人物、时间和地点等因素；而其差异在于，描写文属于静态描写，叙述文则为动态的叙述；描写文作为一种文体虽然容易识别，但很少独立存在，通常穿插在叙述文、议论文、说明文等形式中。在文学作品中经常用到描写，因此，这种写作手法也不可忽视。

描写文的描写策略与描写的对象有关，取决于作者的感官和心里的感受。譬如，对一个建筑物的描写通常按照空间顺序，首先确定一个空间参照点——东西南北方向或高低左右立体方位等，为了突出某个事物的特点，作者有自己独特的描写视角。但是，不管怎样，只要仔细分析，读者都可以从中找到规律，感受到作者要传递的信息。

3. 说明文的篇章知识

说明文在日常生活中很常见，也很重要。从广义的角度来看，说明文不仅包括对产品的性能、用法、注意事项的说明，或者把事物的形状、性质、特征、成因、关系、功用等解说清楚，还包括对一种理论、现象、实质、计划、意义、原因、发展过程等的说明。这种被解说的对象，有的是实体的事物，如山川、江河、花草、树木、建筑、器物等；有的是抽象的道理，如思想、意识、修养、观点、概念、原理、技术等。

就常规英语阅读来说，说明文是指狭义的说明文，而且文章中的句子多以描写、记叙、说明解释性的为主。在提出要说明的主题时可以开门见山，直接陈述要点；也可以通过提出问题、引用或举例的方式开头。可以说，如果文章回答why的问题，读者可以分析其写作目的，是否把事物的因果理由、根源等解释清楚；如果回答how的问题，读者可以分析作者如何说明原理、计划、方法等。

4. 议论文的篇章知识

议论文的阅读方式有时比说明文的阅读方法还要容易些，只要抓住文章的论点，就抓住了文章的精髓，许多问题就可以以文章的观点为依据迅速得以解决。

议论文常用的思维方式有两种：一种是演绎法，即开门见山亮明观点，然后给出充分论据理由加以论证，证明作者的观点是正确的或被论及的某观点是错误的；另一种是归纳法，即作者分几个方面去剖析，通过举例、罗列事实等提供合理的论据，最后水到渠成、顺理成章地得出结论，即作者的观点。这两种方法都要求作者力求全面客观，否则就没有说服力。

议论文的基本篇章结构：提出论点（引论部分提出问题，可以正面直接提出，也可以反面间接提出）；论证论点（本论部分分析问题，证明所提的观点是正确的，还是错误的），有时一个中心论点包含几个分论点，每个分论点都服务于中心论点，分论点所提供的论据或理由用一个或多个段落来阐释；得出结论（解决问题，或重申论点，或总结归纳，或提出建议，或展望，等等）。

阅读议论文时应辨明文章的论点和结论。这两个部分往往和文章的主题、作者的态度语气及观点有关。分析议论文的结构，不仅要弄明白段落大意及其段落间的内在联系，是逐层深入地论证还是并列展开地论述，还要注意文章中起着承上启下作用的过渡段、过渡句以及过渡词语。文章后面设置的问题多是围绕这些方面提出来的。在中间第二部分论证论点时，通常可采用举例论证、引用论证、列数字论证、比喻论证、正反论证及逻辑推理论证等方法。

5. 新闻报道篇章知识

新闻报道应该属于叙述文范畴。之所以单独说明，其原因有二：一是新闻报道在生活中的重要性；二是新闻报道与分析还具有议论文的特征。社论、评论和专栏文章都属于评论性质的，它们不是简单地报道事件的发生和结果，而是对事件发表看法，或支持，或抨击，所传达的信息影响很大，是报刊不可缺少的一部分。

阅读社论和评论时，需要注意的是它们并不一定代表政府的观点。西方国家的报刊、通讯社的新闻评论的命题范围包含了政治、经济、文体、艺术等社会生活的方方面面，题目有大有小，既有深刻的，也有肤浅的。选题来自社会的各个方面，其中选得最多的是大众最关心的热点问题，如总统大选、种族歧视、名人隐私、环境保护、家庭生活、妇女儿童、体育和音乐等。

结构是各个组成部分的搭配与排列。新闻评论的结构实际上是文章和节目的谋篇布局。尽管分类繁多，但以下四种结构分类较为合理：①顺序结构，分为开头、中间和结尾。②逻辑结构，分为提出问题、分析问题和解决问题。③论述结构，分为立论、引论和结论。④随机结构。实际操作时所应该采取的结构，应该由不同题材、不同节目、不同文章随机而定。

新闻评论的结构特点：结构严谨，布局合理；层次鲜明，逻辑清楚；思辨说理，以理服人；述评结合，夹叙夹议；通俗易懂，雅俗共赏。

新闻评论的选题特点：典型性、普遍性、时效性、现实性、新颖性、针对性。

6. 应用文的篇章知识

应用文，又称实用文，是日常生活和工作中经常使用的、为某种具体的实用目的而写的文体，是完成具体工作或办事的一种工具。应用文包括的范围很广，如书信、日记、便条、广告、说明书、时间表、申请书、图表、通知、会议记录、演讲词、报告、论文、教科书、旅游指南手册、启事、新闻评论、书评等。

应用文有以下几个特点：第一，因事而写，内容真实。应用文最基本的特点就是“用”。为用而写，有用才写，这是应用文与其他文章的最大区别。第二，对象明确，非看不可。第三，语言得体，文字简约。第四，时间性强，讲求及时。第五，格式固定，书写规范。在各种英语阅读理解测试过程中，出现应用文的趋势日渐增强，尤其是报告、论文、教科书节选及新闻评论类的文章。

（1）报告

应用文中的报告包括两种：一种是科学实验报告；另一种是社会调查报告。这两种报告的基本结构是一致的，包括以下几个部分：

第一，提出实验（或调查）的问题或假设；

第二，叙述实验（或调查）的受试对象与实验（或调查）的过程；

第三，描述实验（或调查）的结果与发现；

第四，对实验（或调查）所得的结果与发现进行分析与解释；

第五，总结实验（或调查）所得结论，指出其意义与运用。

其实报告类文章是说明文和议论文的结合体。它既有描写叙述、说明解释，又有评价议论、总结概括。在阅读过程中，关键在于抓住其收尾部分，因为这两部分与文章的中心思想和主题紧密相关，而其他各部分则是具体细节性信息。

（2）广告

有人认为广告语言独具特点：在词汇选择上必须简洁、生动、形象，富于感情色彩和感染力；在句法上多用简单句、并列结构与分离句，少用复杂的复合句；频繁使用疑问句、祈使句和大量采用省略句；少用否定句；多用现在时；等等。而在现实生活中由于产品的丰富与广告的各种动机，商品广告中所使用的英语是无法用条条框框来进行概括的。尤其是20世纪90年代以来，广告的概念发生了根本性的变化。广告中语言的使用以及文本更加奔放，语言形式更为复杂，因为它随着商品特点、商品信息以及售后服务等一系列因素的变化而变化。在现代社会新的商品层出不穷，语言文字必然随之发生变化。因此广告中语言的使用极具多样性、复杂性，而不是墨守成规地沿袭所谓“广告英语”的框架介绍商品和宣传形象。

事实上句子的长短在英语广告中并没有什么限制，是选择长句还是短句关键在于哪一种形式更适于表现主题，能更恰当地表达广告的内容。复合句更适宜于表现各种逻辑关系，在现代英语广告中还是相当普遍的。我们可以在各类广告中看到各种类型的复合句，如定语从句、表语从句、主语从句、同位语从句、宾语从句和状语从句等。请看下面广告用语：

例1：One thing that definitely isn’t changing is our world-class service and support.（定语从句，选自Digital公司电脑广告）

例2：What we will say is that it could make your life a lot simpler.（主语从句，选自康柏电脑广告）

例3：No matter where in the world you do business，it’s vital to stay in touch.（让步状语从句，选自西门子广告公司）

虽然英语广告中主动结构较多，但并不排斥使用被动结构，因为广告中也有客观地表述。在描述产品的本质特征、工作原理、解说事物等过程中，当动作执行者不十分明确时或要突出强调动作的承受者时，被动结构就具有其独特的作用。

修辞手段的使用为使自己的广告引人注目，广告撰稿人往往使用一些修辞手段，从而增强广告的吸引力，使消费者步入商品的世界。

第一，拟人（Personification）。下面是一则美国福特汽车公司为其所生产的汽车提供质量保障服务的广告："It may be your car，but it's still our baby."，作者把该公司生产的汽车赋予生命，当成婴儿。广告标题是："We invested $99 million in new diagnostic equipment，because a two-year-old（baby）can't always tell you where it hurts."，意思是"我们在新的检测设备上投资了九千九百万美元，因为一个两岁的婴儿不能告诉你他哪里感到疼痛。"产品被赋予了人的行为和感情，拟人的手法用得贴切而自然。

第二，双关语（Pun）。以下是一则飞利浦公司的广告。

Philips. The light that's always shining.

Everyday in homes all over the world，people are living by the light radiated from Philips lamps...

第三，排比（Parallelism）。使用排比是为了增强语气，强调所要表达的事物，突出某种感情色彩。

I WANT THE BODY OF A GREEK GOD.

I want to work out in huge fitness center. I want to stay in the heart of the Central business District. I want a room with a view of three countries.

EVERYTHING I WANT IS AT THE WORLD'S TALLEST HOTEL.

THE WESTIN STAMFORD AND WESTIN PLAZA.

第四，夸张（Hyperbole）。

Making a big world smaller.

What difference does it make that Lufthansa flies to more international destinations than any other single airline?

……

It's a difference that's helped us make friends with a world full of travelers. And that can make this big world feel very small indeed.

Lufthansa

这是一则德国汉莎航空公司的广告，作者在标题上就运用了夸张的手法，广告大意为这家航空公司使一个大的世界变小。结合广告正文，说明汉莎航空公司在世界范围内提供优质完美的服务，而且在广告正文的最后一句，再一次运用夸张手法，重复标题的含义。

修辞在英语中可以分为运用转义效果与运用结构原理两种手段。这两种手法有时在广告语言中重合使用，极大地丰富了语言表达的能力和表达的效果，既准确地宣传了商品的特点，又描述了使用商品后的感受，从而达到宣传、推销商品的目的。

广告口号的作用：一是建立公司形象，将确定的观念形象传播给消费者，如“A diamond is forever.”（钻石恒久远，一颗永流传。）；麦当劳汉堡包餐厅的广告口号“Good time，great taste，McDonald’s.”（美好时光，美味共享。）。二是保持广告活动的一致性和连续性。重复出现的广告口号会使消费者产生熟悉感，如飞利浦公司的广告口号“Let's make things better.”（让我们做得更好。）。

在思维模式上，国内外有不少语言学家和心理学家都认为，讲不同语言的人在思维方式上存在差异。不少语言的对比研究发现这种差异确实存在。卡普兰（Kaplan）认为，讲英语和讲汉语的人具有不同的思维方式。讲英语的人思维呈直线型，一篇文章通常以一个主题句开头，直接点明中心思想，然后在以后的各句中发展这一中心思想，先阐述观点，然后说明原因；而以汉语为母语的人则不同，文章的展开多数呈螺旋形，主题往往不是采用直截了当的方式，而是采用迂回的方式加以阐述。中国传统的思维方式是“从大到小”，思维认知讲究顺序，由表及里；而以英语为母语的人正好相反，思维方式“从小到大”，认识则从问题的中心开始。这一点从英美人表达地址的先后顺序可以看出来：先写房间号码—街区—城市—国家；而中国人则相反，先写中国—省市—某区—某街—某号—某楼—某室。

思维方式的不同所构筑的文章内在结构也不相同。所谓内在结构，是指隐藏在语言深层表明信息内在关系和逻辑关系的结构，又称为信息结构。在英语中，内在结构根据它在文章里的功能一般分为宏观结构和微观结构两大类。其中，宏观结构，即构成文章主体框架的结构；微观结构，即文章里表达一条信息与另一条信息之间的关系的结构。两种结构互为依托，相辅相成，使文章结为一个语义整体。无论文章长短，内在结构都存在。因此，熟练地辨别和使用内在结构对于理解和撰写文章至关重要。以下是英语广告中几种常见的结构：

第一，一般—具体。主题句在广告中总是非常醒目，其用意在于吸引消费者的注意力，以达到最终的目的——促进销售。主题句可长可短，可简可繁。

第二，背景—问题—解决方法—评价。在这种结构模式中，常常可见到下述的言语结构。表示问题的词有problem、damage、risk、danger、scourge、accident、anxiety、difficulty、dilemma、disease、failure、illness、injury、lack、loss、expensive。表示解决方法的词有cure、prevent、solution、develop、overcome、improve、help、treat。

第三，假设—事实。由于产品的极大丰富，市场竞争日益激烈。产品一旦进入市场就要尽可能地扩大在市场上的占有份额。因此，扩大产品的知名度与建立品牌成了当务之急。相互竞争的局面必然形成，在这种情况下，产品很可能遭到竞争对手的贬低，如产品的缺陷被夸大，引起消费者对产品的可靠性的怀疑，被比较的一方或产品经常处于被动的境地；等等。为了改变这种不利的局面，竞争对手一般采用突出自身产品的优点，或消除潜在消费群体对产品的负面看法及误解的手法。为达到目的，在英语广告中撰稿人通常会选择“假设—事实”（Hypothetical-Real）的结构。基本的做法是先指出可能存在的疑问或负面的看法，而后坚决地予以否定，随之再提出有根据的、令人信服的事实对消费者进行劝服。

这个结构可以这样来识别：“假设”这一部分通常包含下列词、词组或句型，如assumption（设想）、belief、claim（声称）、expectation、look等；“事实”则通常包括下列词或句型：however、whereas、actually、now、yet、show、prove、contradict（同……相抵触）、contradiction、false（不真实的）、wrong、not so、not true、in fact等。

第四，原因—结果。广告文案的创造经常使用因果（Reason-Result）结构对商品或服务加以说明，形成迎合消费者心理的诱惑力，从而激发潜在客户占有和使用的欲望。此外，因果结构不仅可以作为微观结构，还可以作为宏观结构，阐明产品的主要特性。

（3）通知（Notices）

Reservation：

Reservation must be made with a CAAC office for a CAAC international flight.

Ticket payment should be made within the time appointed，otherwise，the reservation will be cancelled.

Reconfirmation：

If you break your journey for more than 72 hours at any point，please reconfirm your intention of using your continuing or return reservation. To do so，you are required to inform the airline office at least 72 hours before the flight departure. Failure to reconfirm will result in the cancellation of your reservation.

If your journey is wholly within Europe，this reconfirmation is not required.

Ticket Purchase：

Tickets for regular domestic flights are available at the local CAAC office. Foreign passengers and overseas Chinese must present valid travel documents. Tickets are non-transferable and may not be resolding or altered. Such tickets will become null and void.

① What is the text about?

A. Notice for passengers who want to go by train.

B. Notice for passengers who want to go by plane.

C. Notice for passengers who want to go by bus.

D. Notice for passengers who want to go by bike.

② Need we make reservations when we want to go by CAAC plane?

A. Yes，we must.

B. No，we needn't.

C. Maybe.

D. Not necessary.

③ You must reconfirm your reservation ________ if you break your journey.

A. before more than 72 hours at any point

B. after 72 hours

C. when the plane takes off

D. when the plane lands

解析：

从关键词flight、airline、CAAC等可知题①选B。从Reservation部分可知题②选A。从Reconfirmation部分的第一段第一句可知题③选A。

（4）宣传单（Leaflet）

宣传单介于广告和通知之间，有时很难区别，宣传单可以由人来传发，也可张贴。其目的是宣传某件事、某个主张、活动等。

（5）指南（Guidebook）

指南就是告诉他人有关事项，如旅游指南、图书指南、中国居民膳食指南等。

What to do in case of fire

A plan of action should be prepared so that every member of the family knows what to do.

① Bring everyone in the house to the ground floor from where they can leave the building safely.

② See that the fire brigade is called at once：don't just thinks that someone else has already done so.

③ It is essential to see that everybody is safe and that the fire brigade has been called before investigating the fire.

④ Do everything possible to reduce the droughts which may fan the fire；close all doors and windows，even in rooms away from the fire.

If cut off by fire

① Close the door of the room and any fanlight or other opening and block up any cracks at bedding，etc.

② Go to the window and try to attract attention.

③ If the room fills with smoke，lean out of the window unless prevented by smoke and flame coming from a room below or nearby. If you cannot lean out of the window，lie close to the floor where the air is clear until you hear the fire brigade.

④ If you have to escape before the fire brigade arrives，make a rope by knotting together sheets or similar materials and tie it to a bed or other heavy piece of furniture.

⑤ If you cannot make a rope and the situation becomes intolerable，drop cushions or bedding from the window to break your fall，get through the window feet first，lower yourself to the full extent of our arms and drop.

⑥ If possible drop from position on soft earth. If above the first floor，drop only as a last resort.

If clothing catches fire

A person whose clothes is on fire should be laid on the floor and rolled in blandest，rugs or a thick coal. If your own clothing catches fire，roll on the floor to extinguish the flames.

If you live on the second floor，you should jump to the ground only when ____.

A. the rooms are full of smoke

B. there is a first floor

C. there is someone on the ground

D. there is no hope of surviving in the house

解析：

本篇防火指南分三大点：①发现失火时如何应对；②被火隔断时如何应对；③衣服着火时如何应对。

答题时，通过看题干首先确定属于哪种情况，然后在相关部分寻找。

本题答案应当在第二部分寻找，根据其中的最后一点确定答案为D。

（6）说明书（Medicine Administration Directions）

DOSAGE AND ADMINISTRATION

MERISLON Tablets 6 mg：

The usual adult dosage for oral use is 1–2 tablets（6–12mg of betahistine），three times daily after meals. The dosage may be adjusted depending on the patient's age and symptoms.

PRECAUTIONS

Careful Administration（ MERISLON should be administered with care in the following patients.）

① Patients with a history of peptic ulcer or with an active peptic ulcer.

② Patients with bronchial asthma.

③ Patients with pheochromocytoma.

该文是药品甲磺酸倍他司汀的说明书中的一部分。主要是介绍药物使用剂量和针对某些疾病患者人群对该药物的慎用和管理。通常的成人剂量：每日1～2片，每日3次，饭后口服。剂量可根据患者的年龄和症状来做调整。警告3种人（胃溃疡患者、支气管哮喘患者、发现有嗜铬细胞瘤者）慎用该药。

三、阅读习惯

阅读是人们主动接受并理解信息的过程，是通过文字、语法、修辞等进行思考与判断，进而理解一篇文章或一本书的精神内涵。一个人阅读习惯的不同，会导致人脑思维的个体差异，而这种差异对个人的阅读能力高低是具有重要影响的。良好的阅读习惯对于学习者提高英语阅读速度来说是至关重要的，将对他们产生深远的影响。

四、心理因素

阅读中的心理因素对于学生的阅读有很大的影响，必须深入了解学生的心理特征，采取相应的策略，帮助他们培养学习兴趣、建立自信、激发动机，以及消除学生学习英语的心理障碍。目前，学生学习英语存在以下心理障碍：

第一，存在怕错心理。在英语学习过程中，有的学生怕读错、怕讲错、怕被别人嘲笑，所以一般不会开口说英语；有的学生学习上有问题，但是不能及时解决，既害怕向教师求教，又害怕向同学请教，导致问题越积越多，造成知识的前后脱节，无法关联，最终导致英语学习困难重重。

第二，存在自我否定的心理。英语学习过程是一个由浅入深的过程。刚开始学习时，知识都是比较简单的，学生比较容易接受。另外，学生对新事物的好奇心促使他们对英语学习的兴趣很高，所以成绩会比较好，很多时候都可以得到教师的肯定和表扬，因此内心充满自信和骄傲。但是，随着学习难度的不断增加，知识的理解和运用越来越困难，因此成绩渐渐下降，无法达到理想的效果，得不到教师的表扬和夸赞，由此学生会产生失落感，渐渐会对自己失去信心，觉得自己做不到更好，进而妄自菲薄，从而对英语学习产生倦怠心理。

第四节 高中英语阅读有效性教学

一、引导学生展开有效探索，促使学生主动学习

传统英语课堂教学主要以教师的教学为出发点，并没有对学生的自主学习能力培养和落实给予明确的指导，不能体现教与学的统一。建构主义学习理论既是国家第八次课程改革的一个很重要的理论基础，也是学生发展核心素养理论的重要依托。

在具体英语课堂教学过程中，教师应确立学生核心素养的基本原则：以激发学生学习兴趣和学习动力为主要推手，创设生长课堂，让学生主动参与课堂，逐步在语言实践的过程中使学生的思维品质得以发展，文化品格得以形成，学习能力得以提升，去除零散化、碎片化的知识与技能，真正实现教与学的统一。

建构主义学习理论告诉了我们，基于学生的学习经验及在真实情境下展开学习是学习的本质，是最切合学生学习特点的学习方式，这也是教师进行“学习者视角”构建课堂教学的关键所在。程晓堂（现任北京师范大学外文学院院长，教授，博士生导师）认为，教师在英语课堂教学中还存在很多问题，其中从培养学生英语核心素养视角看，在语言能力和思维品质培养上存在如下问题：

语言能力方面：知识讲解偏多，单纯技能训练偏多，应试技巧训练偏多。

思维品质方面：停留在浅层思维活动，对话题的选择、问题的设置等方面没有进行较深层次的研究。

学生的学习经验以及在真实情境下的学习情况，对教师的课堂教学是具有指导意义的。实施中要注意以下两点。第一，教师要通过真实问题或故事来激

发学生主动学习。语法教学的真正意义不在于让学生记住一组语言结构，而在于帮助学生形成一种能力，所以创设的情境必须是真实有效的，以此来构建知识才是可行的。第二，教师要通过激活学生的先前知识来激发他们主动学习。

核心素养基本理论主张建构“以学生学习为中心”的课堂教学，提出课堂教学要围绕真实情境中的问题，以此来组织学生的学习活动，引导学生展开探索，激发学生主动学习。

二、开展基于任务的学习活动，激发学生主动学习

核心，就是中心，是指处在事物的中心位置或者说底层位置的事物，外面一般不易看见，但对事物起着关键作用。由此衍生出的核心素养，同样是处于人发展的关键位置或底层位置。核心素养的培养不可能像制造飞机一样，这个厂制造这个部件，那个厂制造那个部件，最后在总装车间的流水线上装配完成。核心素养具有很强的综合性，不是单纯的某一项素养或者能力。核心素养的提高需要以真实问题或真实情境为基础的任务学习或项目学习来实现。有日本学者认为，综合性活动包含“学习者的综合性课程的综合性、内容的综合性、活动的综合性，成果的综合性”。所以，基于任务或项目的学习因为其内容的综合性、活动的丰富性决定了这种学习形式成果的多元化。

基于任务或项目的学习是在课堂教学中落实核心素养的一种基本的学习方式。核心素养中“实践创新”所包含的“劳动意识、问题解决、技术应用”等品质，需要通过相关的活动学习来达成，需要在真实问题的解决中及具体的社会实践中得到提高。基于任务或项目的学习可以提高学生的综合能力，达成多个学习目标及获得多个学习成果，在具体的实践中教师要注意以下一些问题。

（一）任务或项目不在于多，而在于是否能激发学生全身心地投入学习

在设置任务的时候，不在于多，但选择的形式很重要。形式的好坏，影响着学生的学习热情。教师在适当的时候选取适当的方式，用歌曲和猜谜语的形式进行新语法和新词汇的教学，学生的学习热情很高。学唱英文歌和猜谜语既是学生喜闻乐见的活动，也是学生喜欢参与的活动，看似是唱歌和猜谜语，实际却是教授语法和新单词，在愉快的教学活动中，学生将知识和意义建立了联系，避免了知识的碎片化和浅显化。这是一种浸入式学习，源自教师的巧妙设

计，知识在教师巧妙设置的任务中为学生所接受并消化，学生在学习中收获了成功、欢笑甚至眼泪，这对他们将来的成长将产生长久的影响。

对一件事物的认识程度或深度往往是需要时间的，对学生阅读素养的培养并不是一朝一夕能完成的，所以教师培养阅读素养这方面要持之以恒。例如，每月给学生列出适合他们阅读的英语课外读物，开展“每天读一点英语经典”的活动，这样的任务对于学生来说并不会成为负担，但每学期下来每名学生的收获都会很大。在教师的督促指导下，学生的阅读习惯逐渐养成，他们不仅词汇量扩大，阅读速度变快且阅读能力和思维能力都得到了提高，不少学生在这种浸入式学习中获得了丰富的英语国家的文化背景知识，开阔了视野，而且课堂上学到的很多知识也在课外英语读物中得到了运用和拓展，增强了学习英语的成就感，提升了英语学习的兴趣。

（二）任务或项目学习要重视学生方案设计及策略选择能力的提高

第一，话题导入，回顾文本并做进一步思考。用小组竞赛的形式邀请学生做评委，分三组对课文内容进行回顾并提出解决问题的方法。小组可自由设计方案，讨论选择何种形式对全文进行内容回顾。最后，学生形成了三种比较有效的方案，对课文进行了有效回顾，避免了机械照搬或背诵。主要方案包括：方案1，根据关键词复述相关内容；方案2，创造性地编排对话，回顾内容；方案3，用电话沟通建议的形式回顾内容。各小组根据不同方案提出建设性的问题和解决方案。学生评委根据每组表现，从语言的精确性、表达的流畅性、想法的合理性等方面进行综合评价，最终评选出最佳方案。

第二，学以致用，当堂DIY爱心信封。教师设计一个课堂制作DIY信封的环节，利用图片步骤把所学的知识点编入制作步骤中。学生需要运用所学语言知识读懂做爱心信封的步骤，然后指导同伴或他人制作信封。教师向学生提供关于DIY的建议和可利用的网络资源，让学生进行讨论、协商和决策。该活动让学生亲身体验DIY，让他们真正明白做好DIY需要相关的知识，并且使学生享受到了DIY的乐趣。

教师设计的这个项目学习，激发了学生学习的热情，让学生在活动中不知不觉地理解了这一课的学习内容。这样的活动提高了学生自己设计方案的能力，这是其他学习方式很难实现的。

三、处理好教与学的关系，有效开展教师引导下的学生自主学习活动

学校中教与学就是一枚硬币的两个面，谁也离不开谁。真正的教应该是关注学生的学，没有学生学的教是没有任何意义及价值的，即“没有学习，无须教学”。同时，在学校环境中，学生的学必须考虑教师这一因素，没有教师的教或教师的辅导，学校的优势或特点就不能体现出来。没有教的学，与学生在家自学没有什么差别。

核心素养视野下的课堂教学把“自主发展”确定为学校教育的主要培养目标，学生是学习的主人，教学中要充分体现学生的主体地位，从学习者视角来构建课堂教学。这里把学生的学习上升到一个新的高度，但不是说可以淡化教的意义及价值，更不是说让教退居二线，而是重新认识教的地位，重新认识教的意义，重新定位教者的角色。

既然在学校这个系统中教与学是相对统一、共同存在的，那么为什么在讲核心素养的今天我们还要来讨论教与学，还要强调学习的意义呢？那是因为，不同的教给学生学习的效率及质量会带来截然不同的影响。教师什么时候介入，如何介入，以什么角色介入学生的学习是很有讲究的。具体来说，“教在学中”要关注以下几个问题。

（一）教在学中，需要教在思维的深处

深度课堂，需要设计有质量的、有挑战性的问题。教师要颠覆原有课堂教学认知，改变传统教学行为，不纠缠于细枝末节和碎片化知识，从点状教学走向网状教学。教师在教学中要及时捕捉新的教学增值点，教师的思维跟着学生产生的问题走，通过师生的探讨引导学生的思维朝着深处走。教在学中，师生思维要达到“你中有我，我中有你”，这才是深度课堂，这才是有思维质量的课堂。

（二）教在学中，需要教在学生学习的困惑期

学生所学习的知识是多方面的，有像爱因斯坦的司机能够讲授的知识，也有他无法解答的知识，这些无法解答的知识是学生在学习中产生的新的问题，仅靠他们自己是难以解决的。教师的意义及价值更多地体现在这个时候，教师

在恰当的时候出现，是“教在学中”的一个重要课题。

（三）教在学中，需要教在知识的节点

在日常的教学中我们发现这样的现象，教师花了很多时间，讲了很多知识，学生背了很多书，做了很多题，但学生似乎对于学科知识理解还是不到位，最后考试成绩也不理想。有时教师自己也很茫然，究竟哪些是重要的、哪些是不重要的，哪些需要详细讲解、哪些可以略讲，教师自己也弄不清楚。同样，学生做了很多题，学了很多知识，但面对新的问题情境，就是找不到解决问题的关键点。教师教了学生很多方法，在具体的学习中学生就是想不出最能解决问题的那一个，这跟很多教师讲课面面俱到，缺乏重点还是有关系的。

四、互联网时代下的高中英语阅读有效性教学

（一）设立明确教学目标

知识经济时代对人才的需求是巨大的，英语教师是为社会培养优秀英语人才的中坚力量。在推行教育教学改革创新的新形势下，教师要掌握适应时代发展，满足社会需求的教育教学方法与技巧。在构建主义理论指导下，教师在创新英语阅读教学中要指导学生形成正确的认知结构，结合学生情况鼓励引导学生主动学习，自主构建英语阅读知识体系。在建构主义理论视角下的英语阅读教学要注意以下几点。

首先，明确教学目标。教学目标是教师进行教学准备工作的依据，指导着教师的教学行为。教学目标的制定可以从三个方面进行：第一，认识目标，经过英语阅读教学，需要让学生掌握哪些语言知识；第二，能力目标，即在英语阅读教学完成后，学生需要具备哪些能力；第三，情感目标，即在英语阅读教学中，学生对文章的体悟与情感升华，以及对学生学习兴趣的激发，自主学习能力的培养。教师的阅读教学计划要依据学生已有的知识体系、学习经验、学习能力、学生英语能力水平的差异来制订。

其次，细化教学目标。在实际的教学实践之前教学准备阶段设定的教学目标只是一个预测范围，带有一定的不确定性。在实际英语阅读教学实践中，教师要结合实际的教学情况与学生认知发展规律细化教学目标。具体可以从学生的英语阅读需求、英语阅读技巧、输入语言材料内容，以及学生在阅读课堂上

的反应等方面入手，将教学目标细化分解，融入教学的各个环节，让教学目标落到实处，培养学生的语言能力、思维能力，逐步达成教学目标。

最后，升华教学目标。英语阅读教学的最终目的并不仅仅是让学生积累语言知识与掌握理论基础以及专业知识的传授，更多的是对学生语言能力的培养。教学目标是英语阅读教学的导向，教学目标的升华是教学理念的提升，有助于学生对英语学习的进一步理解，帮助学生有效地实现意义建构。

（二）积极引入微课教学模式

在信息化教育教学改革的推动下，出现大量的创新教学模式，而微课就是其中的一种。微课以其短小精悍、使用方便，以及清晰明确知识点等特性深受广大师生的推崇。微课的设计多以某一知识点或一部分知识为主要内容进行专题讲解，并录制短视频供学生课下学习。学生可以通过教师录制的教学视频结合网络上的教育教学资源提前预习，经分析总结主动吸取知识，将未理解透彻的知识点加以梳理记录，这样在课堂上就可以将主要精力投放到这些知识点的学习中，在课堂学习压力分散的同时，提高学习效率。当然，课堂仍是接受知识的主阵地，教师和学生都不能忽视课堂教学的重要地位。在英语阅读教学课堂上，学生要积极地与教师和同学进行交流，教师也要营造良好的交流氛围，为师生间交流、学生间交流创造条件，并观察阅读活动中学生的反应和遇到的问题，及时予以帮助。在英语阅读教学中，教师要注重学生思维能力的培养，积极鼓励学生以不同的角度分析阅读材料，批判性地理解问题，学习语言知识，积极鼓励思维交流，进而促进学生语言思维能力的提高，以及创造性思维的升华。在阅读课程完成后，教师应结合英语阅读的特点，为学生提供更多的阅读资源，供学生依据直接的兴趣爱好自由选择材料阅读，提升学生的英语素养。

（三）文本分析、反馈总结，实现意义建构

有效的文本信息可以充分反映学生对本节课的掌握情况，教师对学生在教学过程中出现的各种问题进行归纳总结，对学生普遍存在的问题进行专题讲解，并有针对性地指导，对个别存在的问题，教师可以提供给存在问题的学生一些提示或相关材料让学生自己解决，让学生进行思考后再予以帮助并纠正其阅读错误，使每个学生在主动构建意义中增强对语言知识的掌握。在有效的课前学习与课堂学习之后，学生对阅读文本的理解应该是比较透彻的，此时教师要带领学生再次阅读，重温阅读内容，让学生在原有认识基础上，进一步分析、探究阅读文本，感悟其内涵、升华文本主题，增强学生的阅读体验，让学生的已有认知结构吸收新的文本信息，拓展知识体系。

第五节 建构高中英语阅读教学课堂

一、建构主义认识论指导下的翻转课堂教学

建构主义认识论提出，人是主动认识世界的，人认识世界的过程是能动的、创造性的。人认识事物，不是对事物的简单、客观的反映，而是基于个体已有经验对事物认识的再创造。由于个体经历、思维方式的不同，对事物的认识与理解也不同。翻转课堂教学是建构主义认识论指导下兴起的一种新型教学模式，翻转课堂是将传统以课堂为主要传授知识的教学方式，转变为学生在课堂外主动吸收知识的教学模式。简单地说，翻转课堂就是将课上课下的教学任务调换位置，将以教师为主体的教学转变为以学生为主体的教学。将教学变成学生自主学习、教师从旁辅助的形式。在实践中，学生可根据自己的实际情况，结合学习任务和学习目标，自主把控学习进度。在自主学习时，学生受知识体系和学习经验的限制，不可避免地会遇到各种各样的难题，这时要充分利用网络资源和教学资源自行解决问题，也可以与同学交流或向教师请教等方式进行学习。采用翻转课堂教学方法进行教学，可以有效地培养学生的自主学习能力，促进学生积极主动地进行学习。

在英语阅读课教学中，采用翻转课堂教学方法是一个十分有效的教学途径。学生可针对要学习的内容自行学习，查找相关知识信息，如作者简介、文章历史背景与社会环境等。教师也可以将相对简单的知识点录制成短小精悍的微课，提供给学生观看。对于获取容易、查阅便捷、难度较小的信息完全可以交由学生自主获取并完成学习，不必占用宝贵的课堂时间。学生可根据自己已有的知识体系自行查找欠缺的知识，弥补语言知识的不足，如果遇到学习障碍

可以先与同学探讨，再寻求教师的指导。这样，教师对学生课下的学习情况也有一定的了解，更能完善课堂教学。

二、建构主义学习观指导下的翻转课堂教学

第一，翻转课堂教学要尊重个体独特性，对学生原有的知识结构、学生经验予以一定程度上的重视，强调学生个体的意义建构，重视新知识与个体已有知识的联系。英语阅读教学的教学目标之一就是让学生掌握不同的阅读技巧，以略读技巧为例，教师可通过微课向学生传授英语阅读过程中略读技巧的一般步骤，并推荐一些阅读资料，以便学生能够进行略读练习。在略读技巧的掌握上，学生大都了解略读的重点，知道在进行略读实践时要注意文章标题、段首、段尾等内容的阅读，基本上可以进行自我练习。但有些学生对略读知识掌握得还不够系统，可通过课下观看教师提供的微课视频进行系统学习，增加相应的练习，提高对略读技巧的理解及应用。但是，课下的自主学习难免会遇到各种问题，如不能根据阅读目的合理选择阅读方法，不同体裁使用的阅读方法也不尽相同。教师需要帮助学生真正掌握阅读方法，并通过大量的阅读实践灵活运用。在翻转课堂教学模式下的英语阅读教学课堂上，教师需要先倾听学生在课下学习的体悟与收获，以及遇到的没有解决或克服的问题，然后对学生自主学习的反馈进行分析、总结，并与学生展开讨论。学生在叙述自己的观点时，其实就是对所学新语言知识的重新建构，是将新知识吸收转化成已有知识的有效途径。教师与学生之间的沟通探讨是思维的交换，是知识的再扩展，也是各种新旧知识意义的建构方式之一。在同化已有知识、顺应新知识，并不断寻求新的平衡的学习过程是建构主义学习观的核心思想。学生们在课下进行的自主学习、自主探究，以及在课上开展的讨论、合作活动，正是建构主义理论知识吸收内化过程的体现。

第二，语言的作用是交流与沟通，具有社会性。在建构主义学习观的指导下，语言的学习要建立在真实的社会化情境中。语言学习的本质是将社会性知识与自身相联系，将知识为己所用，即社会性知识和个体关系的建构。语言的社会性强调要进行语言学习就一定要有真实情境的建立，合作学生是语言学习选择的必然方式。因此，翻转课堂课下学习中，建构主义学习观强调要以学生

为中心，开展发现式学习和教学。学生通过这种教学模式，利用自己已有的知识体系与学习经验获取更多丰富的知识。学生知识获得的主要渠道并不是教师传授，而是学生利用必要的学习资源，在一定的语言学习情境下，通过合作学习以及师生之间或生生之间的相互交流，对新旧知识进行意义构建的自主学习方式才是获得知识的主要渠道。建构主义学习观强调学习者的自主探究与知识的主动构建。

在翻转课堂教学实践的课堂上，为促进学生与学生、学生与教师之间的阅读观点体悟的交流，教师要创设与教学主题相关的英语阅读情境，以问题为导向，引导学生融入该情境中，让学生在课堂上有效地完成“知识内化”。同时，鼓励生生之间用英语进行交流，让英语起到交流与信息传递的作用。英语既是教学的内容，也是开展教学的手段。课堂上，学生通过交流、探讨，既加强了对语言的运用，也培养了合作意识。合作学习的过程是交流的过程，有效的交流是合作学习的保障，有利于学习情境的建设。

第六节　阅读策略在高中英语教学中的应用

一、猜测生疏词义

阅读过程中难免会碰到一些生词。如果遇到生词时总是依靠查词典，不仅会降低阅读速度，还会打断思路，影响理解，而且考试时也不能查词典。鉴于此，平时阅读碰到生词时最好通过猜测词义的方法加以解决。猜测词义主要通过以下两种方法完成：上下文语境法和构词法。根据上下文语境猜测词义的技巧主要有以下七种方法。

（一）利用定义

为了便于读者理解作者本意，作者有时会对文中的生僻词或专业性较强的词直接给出定义。有时运用标点符号，如破折号、括号等。有时，作者用同位语形式或连词or给出定义。

例1：Psycho refers to mind，and some to body. Psychosomatic（指疾病由精神压力引起的）illness is the occurrence of bodily symptoms which are psychological or emotional in origin.

译文：精神病是指思想，有些则是指身体。心身疾病是源于心理或情感的身体症状的发生。

例2：This should not be confused with the problem of illiteracy（文盲），that is the inability to read and write.

译文：这不应与文盲问题（即无法读写）相混淆。

（二）利用举例

为了让读者明白某个生词，作者常用后面举出实例的方法来阐释。此时，读者运用由具体到一般的归纳法可以领悟某个单词或词组的含义。

例3：Physical symptoms（症状），such as palpitation，sweating，or disturbance of sleep，which reflect anxiety，may occur over a prolonged period.

译文：可能会长时间出现身体症状，如心慌、出汗或睡眠障碍，这反映了焦虑。

（三）利用同义重述

为使某一术语或生词含义更清楚，有时作者会采用重述，即进行补充的阐释。这种解释可能是采用一个常用词、词组或简洁的句子，也可能是一个甚至多个段落，表达这类情况常见的词有means、is、that is、can be defined as等。

例4：At a crossroads（where two roads cross each other）people have four alternatives（选择）. They can choose to go straight ahead，to the left，to the right，or back where they came from. At a fork in the road（where a road splits），people have only three choices.

译文：在十字路口（两条道路相互交叉），人们有四种选择。他们可以选择向前、向左、向右或返回原处。在道路的岔路口（道路分叉），人们只有三种选择。

（四）利用反义对比

上下文关系中的反义词同样为猜测词义起到辅助作用。有时一些表示转折意义或对照意义的词，如but、however、unlike、still、yet、whereas、while、on the other hand、rather than、although、nevertheless、in spite of、in contrast、instead of等可起到提示作用。

例5：Unlike his sister，who is a warm，ebullient person，John is apathetic（漠不关心）to everyone and everything.

译文：约翰不像他的姐姐那样热情洋溢，他对所有人和一切都很冷漠。

例6：He is usually loquacious（话很多），but tonight he is rather silent.

译文：他平时话很多，但今晚却保持沉默。

（五）利用对同一意义的不同指称

例7：The remarkable black and orange monarchs migrate southward each fall and no one is sure why these butterflies migrate or how they navigate. All we know is that monarchs migrate by the millions and that they come back every spring.

译文：漂亮的黑色和橙色蝴蝶每年秋天向南迁移，而且没人知道为什么这些蝴蝶会迁移以及它们如何导航。我们所知道的是，蝴蝶数以百万计的移民迁徙，他们每年春天回来。

（六）利用一般常识

常识对猜测词义起到辅助作用，读者可根据自己的切身体验和在此方面的常识，判断出某个生词在特定的上下文中的含义。因此，知识越多，词义猜测能力就越强。

（七）根据构词法猜测词义

确定生词词义的另外一种有效方法是根据构词法线索猜测单词意思。分析生词的构成有助于理解词义：第一，复合词。多数复合词可通过分割法猜测其词义，但也有部分复合词并非构成该词的各个单词意义的简单相加。第二，混合词或拼缀词。这类词是由某两个词的一部分组成，如smog＝smoke＋fog，这类词有时并不容易辨认，需要平时积累。第三，派生词。派生词一般由一个词根和一个或几个词缀组成。寻找词根是猜测生词词义的最佳办法，因为词根能反映一个词的基本意义。然后再看这个词在文中与哪些词搭配使用，如果是名词，看修饰它的形容词；如果是动词，看它所搭配的宾语名词等，再根据上下文以及其他知识，就可以进行正确的猜测。

英语词汇，特别是科技词汇，绝大部分是由拉丁语和希腊语的词根构成的，利用前缀或后缀引起的词义变化可以迅速扩大词汇量。同样，在阅读遇到生词时，复合词的构成部分、混合词的构成方式、确定单词词根及利用前缀或后缀变化也能对猜测词义起到重要作用。因此，平时对构词法知识的积累尤为重要。

例8：According to this speculation，growth would continue thereafter，but at a much slower pace than the breakneck（非常危险的）rates of the mid-20th century.

译文：根据这种推测，此后经济将继续增长，但步伐要比20世纪中叶的惊人速度慢得多。

例9：A heliport is a taking off and landing place for helicopters.（helicopter + airport：heliport，直升机机场）

译文：直升机机场是直升机的起降场所。

例10：A student who shows any deficiency（缺点、不足）in his or her final grades will probably be required to complete extra course.

译文：如果学生的期末成绩有任何不足，则可能需要完成额外的课程。

例11：The young ladies and gentlemen were induced（引诱、促使）to learn a new dance for the program.

译文：年轻的女士们和先生们被诱使学习节目的新舞蹈。

二、明确指代关系

任何一个语篇都要讲究连贯，从而形成语篇底层语义的关联。确定下面各例句中it、them、that、those、these breakthroughs的所指对象。

例12：Shanghai government is changing the way it will approach the problem of young students spending too much of their time in Internet cafes playing video games，which local officials say leads to an increase in a variety of social problems.

译文：上海市政府正在改变青年学生在网吧上花费大量时间玩电子游戏这一问题的方法。当地官员说，这一问题会导致各种社会问题的增加。

例13：The forum not only brings updated information on the development of the automobiles industry to Chinese visitors，but also provides them with a different，friendly and open environment.

译文：该论坛不仅为中国游客提供了有关汽车工业发展的最新信息，还为他们提供了一个友好和开放的环境。

例14：He suggested that they go to Kunming for their honeymoon. His wife gladly accepted because that was exactly what she wanted to go.

译文：他建议他们去昆明度蜜月。他的妻子很高兴地接受了，因为那正是她想去的。

例15：It's the site of some of the earliest human settlements，home to an ancient civilization rivaling those of Egypt and Mesopotamia，and the crucible of two of the world's major religious，Hinduism and Buddhism.

译文：这里是一些最早的人类住区的所在地，也是与埃及和美索不达米亚文明相抗衡的古老文明的所在地，并且是世界上两种主要宗教，印度教和佛教的起源地。

例16：Then came agriculture，which allowed people to settle in closer proximity to one another，and writing. These breakthroughs lead to a significant fall in the cost of communication and，as a direct result，bigger and more complex social organizations.

译文：然后是农业，农业使人们彼此之间可以更近地安顿下来并写作。这些突破导致沟通成本大幅下降，直接结果是更大、更复杂的社会组织的形成。

解析：

第一，例12句中的it指主句中的Shanghai government。

第二，例13句中的them指前面分句中的宾语Chinese visitors。

第三，例14句中的that指代第一句中的地点Kunming（昆明）。

第四，例15句中的those指代ancient civilizations，容易被误认为是human settlements，此句的判断在于rivaling连接两个相同的成分或事物——ancient civilization和those ancient civilizations。

第五，例16句中的These breakthroughs指的是第一句中的agriculture（which allowed people to settle in closer proximity to one another）and writing。

三、理解悬垂结构

悬垂句又称掉尾句、周期句或圆周句。试比较：有时掉尾句是从句在前、主句在后，有时好几个分词结构陈列在主句的前面，给读者造成记忆上的负担，而主要的意思却在最后道出。对于这样的句子，为了提高阅读速度，只要抓住后面的主句部分，如果需要再去分析这个长句。

例17：His mouth dry，his heart down，Nick reeled in.

译文：尼克摇摇晃晃地走了进来，他口干舌燥，心灰意冷。

例18：Believing that winter and rough weather would make short work of the outlaws，the sheriff took no action.

译文：警长认为冬天和恶劣的天气会使歹徒们在短时间内完成任务，因此没有采取任何行动。

以上句子的信息重点均为句末主句。第一句前面为两个独立主格结构，是描写成分，信息的重点还是主句“Nick reeled in”；第二句前面都是现在分词短语做句子的状语，主要意思落在后面的主谓部分。

四、识别语篇标记

在阅读过程中，利用文章中逻辑连接词的提示功能可增强理解及提高阅读效率。

语篇标记的分类如下：

第一，表示转折关系的信号词有unlike、still、but、yet、however、nevertheless、whereas、while、on the other hand、instead、on the contrary等。

第二，表示解释的信号词有that is to say、namely、for example、for instance、to illustrate、be considered classic example of等。

第三，表示强调的信号词有in fact、as a matter of fact、in reality、in effect、sure enough、to be sure、actually、above all、in particular、most importantly、most important of all等。

第四，表示替换的信号词有again、alternatively、or、rather、or rather、or at least等。

第五，表示转题的信号词有now、incidentally、by the way、to change the subject等。

第六，表示推论的信号词有else、otherwise、then、in that case等。

第七，表示引出观点的信号词有in my opinion、to my mind、I think（believe/hold/suppose）that、it is my belief that、generally speaking、as a rule、relatively/comparatively speaking、strictly/broadly speaking、as we all know、as everyone knows、as is well known、It enjoys worldwide acceptance that、people have no objection to the view that、no one can deny that、recent study have led the public to the realization that、there is enough proof to show that、people hold in common the view that、increasing facts show that、it is fairly/quite clear/obviously that、it is well known（believed/accepted/supported）that、as can be seen from the table、according to the study等。

五、借助句法分析

（一）词序策略

该策略是根据词在句子中的先后顺序，了解词的句法作用，从而把句子分为构成成分，并决定这些构成成分之间的关系。英语的词序有些是固定的，如定冠词the必须放在名词短语第一个词的位置，如要表达“这个小女孩”的时候不能说little the girl或little girl the，只能是the little girl；而另外一些又是灵活的，如英语对于副词在句子中的位置，常常没有非常严格的限制。例如，副词gradually（渐渐地）可以出现在下句中有（×）所标示的任何一个地方，而不会对句子的解释产生什么大的差别：“（×）the sun（×）is（×）rising（×）from the east（×）.”，太阳正在从东方渐渐升起。在做句法分析的时候，无论gradually被放置在句中什么位置，它都必须和动词rising（升起）联系起来，所以，gradually的位置不会影响对于句子的理解。但是，有一种严格限制的情况是英语句中同时出现地点（或其他）状语和时间状语时，时间状语总在最后，如“The students read English earnestly on campus every morning.”（每天早晨学生都在校园认真地读英语）。

（二）词类策略

词类是词语法性质的分类，词类策略是指根据词的语法性质分类来了解它在句子中的句法作用。在英语中，兼类词很多，即一个词同时属于好几种词类。例如，smell（嗅觉）、walk（步行）、fan（扇子）、dance（舞蹈）都是名词，同时，它们也可以是动词，如smell（闻出，发出气味）、walk（走）、fan（煽动）、dance（跳舞）。例如，man最为人熟悉的是做名词，但to man the boat中是作为动词来用，意为“给船上配备人员”。又如，sport最为人熟悉的是做名词，但sport huge pants or tail coats中作为动词来用，意为“（炫耀地）穿着肥大的裤子和燕尾服”。再如，cup最为人熟悉的是做名词，而cup one’s hand意为“把手掬成杯状”。

（三）动词策略

实义词中动词最活跃，它在句法分析中有着十分重要的作用。人们经常使用动词作为一种策略来确定句子中有多少名词短语，如“The field was covered with snow.”中的动词cover必须有一个名词短语作为宾语和一个介词短语作为方式状语，采用这种策略有助于对句子的理解。英语动词中，有一类动词后面要求跟两个名词做双宾语，还有一类动词要求跟动名词，还有一类要求跟不定式，有的可以跟动名词和不定式两种形式，有的可以跟好几种形式。

例19：No one has suggested how this might occur.

译文：没有人想到过这种情况。

例20：We had been seeing each other for a year when he suggested we should move in together.

译文：我们已经交往一年了，这时他提议搬到一起住。

这些以suggest做谓语的句子理解起来比较难，因为在它后面可以跟不止一种形式。因此，熟悉动词的这些用法，有利于对句子进行预测和理解。

（四）词缀策略

词根和词缀叫作构词语素、语素组合词。在英语词缀中，有前缀和后缀两种。例如，“The epidemic center in the urban areas.”（市区内的传染病中心），“The epidemic centered in the urban areas.”（传染病集中于市区）。读者常常会把第一句中的The epidemic center当作一个名词短语故而产生歧义。但是在后一句中，由于在center的后面有词缀-ed这个明确的提示信息，告诉读者center这个词在后一句中是一个动词而不是名词，自然就消除了前一句中的歧义。有些词缀，如-ive可以是形容词也有可能是名词，如detective（侦探）、initiative（主动性）等词，有时某些单词也可能提供关于词类的误导性信息。但当把词缀所提供的信息与其他线索结合起来时，对于句子的句法分析是有作用的。

（五）词义策略

词义策略是根据一个词的意义来分析它在句子中的句法作用。例如，stone的意思是石头，它可以成为名词短语的一部分，但这个名词短语不能成为一个需要有名词充当其主语动词的主语。所以，学生不会遇到“the stone believed that...”这种类型的句子。而且，当学生看到“Bryan noticed the dog with the scar”（布赖恩注意到带伤疤的狗）这句话的时候，知道要把前置词短语with the scar与the dog（狗）相联系，而不是把它和Bryan noticed（布赖恩注意到）联系起来。相反，如果布赖恩注意到狗用了望远镜，“Bryan noticed the dog with the binoculars."根据对scar和binoculars（望远镜）意义的了解，就会把with binoculars这个前置词短语与Bryan noticed相联系，而不是与the dog相联系。

当对一个句子进行句法分析感到困难的时候，可以借助词义所提供的线索，诸如哪一个名词经常应该和哪一个动词搭配出现，借此读者就能更好地理解这个句子，理解一个句子离不开对它进行语义分析和句法分析。实词的意义和联系常常可以决定一个句子的意义，而句法分析只起到一个辅助作用。不过，当读者遇到一个复杂的长难句子或者一个英语句子时，他就会有意识地去对句子进行句法分析。泰勒等人根据他们提出的阅读模式来进一步说明语义分析和句法分析的关系：在正常的句子加工中，而且特别是在快速阅读中，语义的联系常常统治着理解，而句法的分析则是在必需的时候起到证实和去歧义的作用。泰勒等人的看法和克拉克等人所提出的语义分析必须由句法分析来加以"证实"或"检查"的意见有某些共同之处。因此，在英语阅读中，一些结构复杂的长句可以借助语法分析去证实对语义的理解。

六、借助语义策略

（一）寻找实词所构成的命题之下语义要求的成分

搜索句子中的构成成分是一种特殊的策略，因而需要寻找动词、名词、形容词、副词、介词构成的命题之下语义所要求的构成成分。例如，place（安排）这个动词就需要三个名词短语：一个行动者去做安排这个动作；一个接受安排的对象以及一个安排的位置。"The boss placed Jim a key position."这句话的底层结构就是一个要求三个名词短语的命题——place（the boss、Jim、position），即安排（老板、吉姆、位置）。因此，当学生看到"The boss placed..."这几个词之后，就会去寻找place（the boss、Jim、position）这个命题中的其他两个成分。学生去寻找这两个名词短语的时候，甚至可以不去分析句子中其余的成分。动词在句子中需要名词短语，其他词性同样需要适当的词性，形容词需要名词，副词需要动词、形容词或副词，前置词需要名词短语，而有些名词也需要它的名词短语。例如，many（许多）需要一个名词，一个可数的人或物的复数；fast（快地）需要一个动词，一个运动的行动；inside（……内）需要两个名词短语，一个物体和一个被比较位置的对象，这些词在语义分析中起着重要作用。如果学生能够很快地在句子中识别这些词，确定其在命题中的机能，并把语义搜索范围很快缩小到命题所缺少的成分上面，就会做到目标明确，节省时间，有效提高理解速度。

（二）结合语境构建语义

语境在某种程度上限制了语句的语义关系，对于理解产生着重要影响。一般来说，句子总是在一定的语境中呈现的，因而，对于句子的理解必须和一定的时间、地点、场合、交际者身份、交际内容等联系起来才有可能。

例21：Adam and Katharine climbed mountain Tai last year.

译文：去年，亚当和凯瑟琳登上了泰山。

例22：She photographed the peak，and he surveyed it.

译文：她对山峰拍了照，他则对它做了勘查。

学生在阅读了例21后，可能会预期，在下一个句子中会涉及亚当、凯瑟琳、去年、泰山或者登山活动。在阅读了例22之后，他们发现了she（她）、the peak（山峰）、he（他）和it（它）。如果学生在建构例21命题的时候，已经把亚当、凯瑟琳和泰山配上了相应的索引，那么在读到例22的时候，就能够分配给“她”“他”“山峰”和“它”与例21相一致的索引，并从而建立起例22的命题。即拍照（凯瑟琳、泰山）和勘查（亚当、泰山）。由于有了例21的语境，学生在建立例22命题时，可以把他们的搜索局限于很小的范围内，很快发现与例21相一致的索引，从而构建起例22的意义。这里所说的语境，不但指上下文的关系，而且也指句子呈现的情境。

（三）按照事件发生的先后顺序理解话语

克拉克等人认为，句子中所描述的事件，一般都是按照发生的先后顺序来排列的。也就是说，先发生的事件在前，而后发生的事件在后。所以，“Annie put on her coat，locked her office and left for a cinema.”这句话的意思应该理解为Annie穿外套是在锁办公室和去影院之前，即使没有表示时间的词汇出现。

七、勾绘语义图

阅读内容较复杂的文章时，学生的大脑很可能会被一连串的观点或事件塞满而不堪重负，对所读内容也没有一个提纲挈领的全面认识。那么，运用勾绘语义图的方法，把诸多思想或观点按照一定的归类方法分组到若干意群中，并用结构图展示出来，有助于学生将混乱的思想梳理通顺。构建此语义图可以是一名学生独自完成，不过要是学生集体协作将一篇文章归纳条理和划分层次，那就锻炼了小组学习技能。初步成型的这些语义草拟图可能比较粗糙、杂乱，但是不必苛求，在随后的不断修正中进一步完善，直到最佳。

八、有意提高读速

高中英语阅读的培养目标要求学生既重视理解的准确性，又重视阅读的流畅性，因此，速读技能的训练是整体提高学生阅读能力的重要环节。没有一定的阅读速度，就无法进行真正交际性的有效阅读；反之，只图速度而缺乏准确性，囫囵吞枣，则会严重影响真实交际性的有效阅读和阅读的价值。已有研究证明，阅读速度越快，理解能力越强。其原因是快速阅读要求思想高度集中、一目数字，快速阅读使文章前后内容更快联系、迅速结合起来，这个过程使思维更连贯，更注重眼和脑的协调配合。如果读得快却不理解跟没读没区别，相反，虽能够理解但阅读速度太慢则阅读效率太低，意味着阅读能力不够。因而阅读教学中很重要的任务应是在能够理解的条件下提高阅读速度，学生在具有一定语言水平后应接受速读训练。

在阅读时，要有意识地强迫自己尽量比平时的正常速度读得更快一点儿。慢速读者总是过于关注个别单词，这样实际上比读速快的读者理解得要少。阅读过程中不可避免地遇到不熟悉的单词，不要浪费时间担心它们，只需看其前后内容，做合理猜测然后继续往下读。最重要的是将材料当成一个整体去理解，一两个生词不认识不碍大局。阅读文章可取的做法是至少要读两遍：第一遍用正常速度去读获得总体印象，看文章是有关什么主题的，第二遍注意力集中在重要的细节上。尽量记忆重要细节，适当注意难点。有时候也有必要再读第三遍，目的是核查造成理解困难的项目。

（一）速读——略读和跳读

1. 速读的标准

在阅读时学生除了感觉词汇量不够、知识面窄、阅读技能不熟练等原因，阅读速度慢也是一个突出的问题。在阅读篇幅较长、难度略低、生词不超过总词数的3%时，要达到每分钟100个词，每小时需要阅读12页英语材料。

2. 速读的种类

（1）略读

略读也叫作浏览，其目的是通过扫描迅速获取主旨大意及少量细节而非全部细节，或者为探明是否需要进一步阅读，如翻阅报纸、浏览新书目录等。快速略读必须省略掉部分内容，有选择地读。首先，通过读取文章标题、副标题进行主题内容预测，再浏览文章的结构，大致的内容框架就有了轮廓。然后，快速浏览关键位置的段落及句子，对中心思想的把握进一步清晰。一般来说，第一段或前两段的全部内容需以较快的普通速度去读，以获得作者的风格、语气态度等，因为作者经常在前几段给出一个总体说明。对于第三、四段应一目数行，省略无关的词语、句子，不追求文章细节，只读关键句获取段落大意。同时阅读过程中要注意明显反映文章逻辑发展的表层衔接手段，如作者的观点总会出现在表达转折关系的连接语，如however、but、though、yet等。最后几段也应特别注意，因为作者往往在这些段中做出总结。一般来说，略读速度应达到普通速度的两倍。但理解程度不像普通阅读要求的，最好为70%~80%，达到60%即可。

一般英语文章的段落包含主题句或结论句。不过有时候主题句会出现在段落的中间，需要仔细辨别，而有时候一个段落里也许并没有明确表达的主题句，这时需要读者进行归纳概括出来。

（2）跳读

跳读也叫作查读或寻读，是另外一种常用的快速阅读方法。跳读是有取有舍，跳跃前进，省略次要信息，只撷取文章中相关信息来加快大脑对文字的反应速度的方法。

查读作为一种快速寻找信息的阅读技巧，既要求速度，又要求准确性。查读经常运用于阅读应用文。例如，电视节目是按照日期和时间安排，历史资料可能按照年月安排，报纸的体育版面是分类安排的，有足球、篮球、网球等。无论哪种资料都是按照某种逻辑顺序安排的。因此，了解材料所使用的排列顺序很重要。一旦熟悉了信息排列的特点就可以很快找到所需信息。

对于高中生来说，阅读内容多为说明性的文章。跳读时，首先要确定查阅的信息范围或对象。然后，找出特定信息在文章中的位置，注意力集中在与解答问题有关的信息上。另外，为了迅速找到文章中的特定信息，中心词跳读法也是一种很实用的方法。

（二）细读——欣赏阅读和批判阅读

1. 细读的目的

细读通常也称精读，与泛读相对，指详细、逐行地阅读，是人们把握文章、阐释文章的主要手段与途径。细读旨在理解文章的全部意义甚至分析语言特点，即理解文章的细节。细读是指按照意群进行详读，最后吃透文章的全部信息，因此，它并不是逐字逐句地慢读。另外，要正确认识理解程度和阅读速度的关系。教师应在教学实践中根据学生的水平，确定适合自己的阅读速度，做到理解与速度两者兼顾，使学生逐步养成良好的阅读习惯。

2. 细读的种类

（1）欣赏阅读

欣赏阅读是细读的一种。欣赏阅读一般指在进行文学作品的阅读时，除了要了解作品的基本内容、人物特点、故事情节等客观方面的信息以外，还要进行文章结构的分析、作者写作的特色分析、作者的遣词造句的巧妙之处的玩味、文章所揭示的深层含义的判断等。这些较高层次的思维活动被大量地结合进英语阅读的过程中，从而使读者得到阅读的快乐和享受。

欣赏阅读在英语阅读过程中是一个很重要的环节，而大多数英语学习者却恰恰忽略了这一点。在我们的英语教学中，无论教师还是学生都有这样一个误区：认为英语阅读就是只要把材料的内容掌握了，就达到了英语阅读的目的。这样的阅读往往会流于表面，甚至连作者的写作意图可能有时都体会不到。因此，英语教学应该加强对欣赏阅读的了解和实践。

（2）批判阅读

进行批判阅读相对来说需要一定的时间和思维判断。而在评判所读内容的过程中不仅需要读者有一定的总结归纳、概括分析、引申推断等综合能力，还需要作者有相关的背景知识、可以评估和探讨作者的观点及问题等。

在上述我们已经提到两种常用快速阅读技巧，即略读和查读。训练略读能力时，常常出现学生由于害怕漏掉或错误理解某些信息而裹足不前的现象。正是由于这样的阅读心理，大大影响了阅读速度。教师应引导学生打消这种毫无必要的顾虑，因为略读的目的并不要求仔细理解每个信息。因此，要求快速略读时，教师应向学生说明阅读目的，让他们明白阅读有各种不同的目的，阅读目的不同，阅读方法也不同；阅读速度是可以通过反复应用阅读技巧和积极练习得到较快提高的。通常情况下，略读目的一般是获取文章的主要内容、意图和作者态度等。学生有了阅读目标，速读也就相对有的放矢了。

另外一种快速阅读方法即跳读（查读或寻读），其目的是快速地寻找所需的具体特定信息。视觉通过耗时0.2～0.25s才能读到文字信号，因此接受速度很慢，而思想的速度极快，并且以概念为单位展开，以致会出现阅读活动已经向文章后进行，而有些信息看在眼里却没有读进去的现象。而跳读，恰好通过省略次要信息从而缩短接受文字的时间，使阅读与思维同步。然后，找出特定信息在文章中的位置，注意力集中在解答问题有关的信息上。另外，为了迅速找到文章中的特定信息，中心词跳读法也是一则很实用的方法。在具体的阅读过程中，教师也可以引导学生只读自己所需要的同特定主题有关的词语，而略去其他的段、句和词。用这种查读的方法把所读中心连贯起来，便将文章的主要信息浓缩起来，能快速找到所需信息。

第三章 高中英语阅读与教学研究

第一节 高中英语阅读与CALL模式教学法

一、CALL模式和高中英语阅读的基本概况

计算机辅助语言学习始于20世纪60年代。迈克尔·利维（Michael Levy）认为，CALL是计算机在语言教学中的应用研究和探索。语言教学过程中使用计算机进行研究或学习的任何行为都可以称为CALL。这种特殊的语言教学模式在当今社会越来越有利。目前，我国经济实力的不断增强为计算机技术的发展奠定了良好的基础，可以对CALL系统进行尽可能多的补充和改进。CALL模式是语言教学人员利用计算机技术进行辅助教学的一种方法。

目前，英语阅读已成为时代发展的趋势，这是加强国际交流与合作的基础。为了跟上时代的步伐，跟上潮流的信息，在今天信息革命的时代，我们必须学会阅读，注意英语阅读方法，培养良好的阅读习惯，有高效的阅读能力，能够快速阅读我们所需要的大量文献，并能够在有限的时间内阅读尽可能多的信息。

二、当前高中英语阅读教学模式中存在的主要问题

我国高中在不断进行教学改革的同时，在教学方面也取得了一定的成绩。高中英语阅读教学在高中英语教学过程中占有重要的地位。阅读教学关系到学生的英语水平，是学生今后工作和生活的重要组成部分。虽然高中也在进行教育体制和教学方法的改革，但在实施阅读课堂教学中仍存在许多不容忽视的问题。这些问题极大地削弱了高中英语阅读教学的效率。因此，我们应该关注阅读教学模式中存在的突出问题。

（一）现有的高中英语阅读教学模式还带有局限性

在实际工作中，高中英语教学模式在不断改进和完善，但在教学中仍以教师为主。由于这种普遍现象的存在，学生在这种教学模式下，与教师在课堂上的交流较少，学生在新时代的主要地位没有得到体现，学生在学习中仍然处于被动的状态。评价的对象是教师，内容主要包括教师自身的英语语言表达水平、讲解知识点的能力、使用黑板等教学工具的能力以及控制课堂的能力，忽略了对学生的评价。此外，在阅读知识和技能的教学过程中，高中英语教师只对答案进行翻译和解释，使学生无法充分理解阅读技能。在这种情况下，学生的阅读技能只能靠自己的努力和总结，导致高中生整体英语阅读能力偏低。此外，教师的教学方法过时，教学模式单一，师生之间的互动较少，学生处于被动地位，教师经常把阅读材料作为教学语言知识的一种形式，片面地强调语言点的解释，忽略了对文本文章的理解和把握，忽略了应用程序的相关信息和背景知识，缺乏对学生阅读过程系统地掌握和控制。

（二）学生在英语阅读学习方面存在着不足

经过多年的英语学习，学生的英语学习存在很多问题，尤其是在阅读英语材料的过程中，他们总是依靠字典来理解文章的意思。由于学生不注重背景知识，仅仅停留在字面理解上，难以达到阅读理解、思考、评价和欣赏的最高水平，阅读速度仅为目前学生每分钟145个单词阅读速度的一半左右。然而，许多专家认为，高中生在英语阅读过程中应尽量放慢自己的阅读速度，以提高自己的理解能力，影响最终的阅读质量。这些因素的存在将极大地影响高中英语阅读教学模式的效果。

（三）高级中学忽视了高中英语阅读教学的作用

虽然学校在英语教学上安排了较多的课时，但是在英语阅读方面还存在一些不足。教师在英语课堂上过于注重听力、英语写作和英语语法等的培养。虽然阅读是英语的重要组成部分，但投入教学中的时间和精力是非常有限的。虽然学生在学习过程中注重提高自己的阅读能力，但主要依靠阅读主题与阅读课外材料的衔接，这极大地限制了学生阅读能力的发展。

三、CALL模式在高中英语阅读教学中的应用

目前全球的信息正向互联网集中，通过计算机显示屏进行阅读是大势所趋。为了促使学生尽快熟悉人机界面，加快阅读的速度，利用CALL进行英语阅读的教学显得非常必要。英语阅读教学中应用CALL应有以下步骤。

（一）研究学生的阅读能力，调查其专业需求

首先，教师在教学前应该对学生的阅读能力进行摸底，并按照摸底情况进行分级。为了更加真实地反映学生真实的阅读水平，教师应该综合学生的入学成绩、期末考试成绩（包括排名）、等级考试成绩和单项考查成绩等，根据权重进行加权平均，最终得出学生个人的基准成绩，作为分级的依据。其次，教师需要对学生的专业进行分析，主要是对学生的专业特点、专业需求，并对毕业生进行跟踪，了解其工作需要，激发学生学习的积极性，使其学有所用。

（二）按照分类设计材料，满足循序渐进的教学需要

阅读材料的选择直接影响到教学的效果。学生的英语阅读能力的提高速度和层次往往与学生接触材料的质量、数量、针对性有关，因此科学合理地选择材料非常重要。为了让学生能循序渐进、逐个击破，材料应该分为以下四部分。

1. 基础部分

基础部分主要以均衡各方面的典型材料，锻炼学生的一般阅读能力，广泛涉猎各种知识。

2. 针对训练部分

针对训练部分则是以专题的形式，集中时间锻炼一种能力，可以根据题型来区分，如主题句提问、细节提问等，既能提高考试成绩又能目标明确地攻克任务。

3. 专业需求部分

专业需求部分是根据学生专业特点关注的重点内容，通过结合学生其他学科的知识，使学生带着背景知识去学习。

4. 课外拓展部分

课外拓展部分是选取国外最新的新闻时事、杂志文章等，配合音视频进行课外拓展阅读，让有兴趣、有能力的学生能继续学习。

（三）课堂教学，重视学生能力的培养

由于课堂的时间有限，教师不能将所有课堂时间都让学生练习，而应将重点放在阅读技能的分析和实践上。教师让学生在规定时间内先利用计算机完成针对训练部分的内容，结束后马上将学生的整体数据调度出来，找出典型的题目和易错点，结合每节课要讲的技能进行深入分析。因此，教师在课前需要对材料研究透彻，并将学生可能出现的错误逐个分析，以便能当场分析课堂练习中学生出现的错误。

在此基础上，教师对该节课需要练习的技能进行深入分析，指出题目的特点和解题的方法，并结合典型的题目进行演示，让学生理解解题的步骤和关键。然后让学生再次阅读第一次的文章，根据思路一步一步解题。最后，让学生阅读另外一篇类似的文章，结束后教师对比前后两次的成绩，了解本项技能的水平提升情况。根据反馈，教师应该考虑继续练习该专题还是完成此项教学。

（四）课后交流，通过互联网解决个别问题

由于课堂时间有限，教师利用互联网手段对个别学生进行辅导，又或者通过在线论坛组织话题和讨论。教师根据课堂练习的即时反馈，组织学生进行一对一的辅导，让对课堂知识已经掌握的学生指导那些还未能很好掌握的学生，既减轻教师的压力，又让学生在互助问答之间复习课堂知识，一举三得。

四、高中英语阅读教学使用CALL的误区

计算机辅助能帮助高中英语阅读教学摆脱千篇一律的模式，达到因专业而异、因人而异。但企图用计算机辅助语言学习取代传统的课堂教学却很容易步入误区，原因有以下几个方面。

（一）学生方面

由于学生的接受能力各异，学习习惯不同，CALL在英语阅读的应用将直接影响学生的学习效率和效果。同时由于高中生来自不同的地区，英语基础教育的水平参差不齐，家庭经济条件也约束了学生的计算机应用能力。这些都导致英语阅读CALL教学不可能兼顾所有学生的需求。可以考虑分班教学，或者对没有计算机基础的学生进行前期培训，让其在上英语阅读课时更关注教学内容，不会被计算机知识困扰。

（二）教师方面

利用CALL教学虽然能提高教学的效果，但教师的备课难度将会增大，尤其是阅读材料分类数据库的整理、维护和更新需要花费大量的时间。CALL教学也对教师提出了更高的要求，既要控制整个课程的进度，又要兼顾个别学生的能力。除此以外，还要求教师具有较高的计算机水平以及较高的学术水平，能对教学材料来源进行严格把关。

（三）计算机方面

虽然计算机技术发展日新月异，但目前CALL的程序还不够智能，人机界面较为复杂，功能还不完善。同时CALL教学也会助长教师懒惰教学，教师仅仅将内容搬到计算机上，并没有根据计算机的特点重新设计内容。教师还可能不讲课，只让学生做题，重数量不重质量，重做题不重能力，重成绩不重反馈。

五、摆脱CALL模式教学误区的方法

（一）组建教学团队

由于CALL教学并非简单地将教学内容搬到计算机上，也并非全部取代传统的教学方式，而是需要结合计算机的特点将教学内容创新性地应用到计算机上，并辅助传统的教学方式。因此，这项工程需要由英语教师、计算机技术人员等组成的教学团队进行合作。在教学材料的选择上，还需要教师通力合作、发挥自己的专长，分工整理材料和设计教学大纲。这样，既能考虑教学内容的科学性和丰富性，也能防止懒惰教学的情况发生。

（二）创建合作模式

运用CALL进行英语阅读教学是手段而非目标，因此教师需要重视将面授和CALL教学进行有机结合。CALL教学需要处理好教师、学生、计算机之间的关系，包括教师与学生、学生与计算机、教师与计算机、学生与学生四种关系。其中，创建学生与学生的关系显得更加重要，源于合作式教学与多媒体教学相结合，通过加强生生之间的关系能减弱目前人机交互不足的弱点，提高学生的学习热情。教师根据CALL教学反馈组建学习小组更能达到共同提高的目的。运用CALL教学进行英语阅读教学能循序渐进地提升学生的阅读能力。通过组建教学团队和创建合作模式，将CALL教学和传统教学结合起来，能避免

目前CALL教学条件不成熟所带来的负面影响。

六、基于CALL模式的高中英语阅读教学改进措施

（一）摆脱陈旧英语阅读教学模式的缺陷

基于CALL模式，学生在英语阅读模式中占据主导地位，这不仅改变了以往以教师为中心的局面，而且充分利用了教学资源。高中英语是非英语专业的高中生必须掌握的一门课程。在CALL模式下，教师可以充分利用各种资源和课件，通过虚拟网络资源增强学生的阅读能力。各类情境动态互动活动，师生频繁交流，学生阅读信息快速反馈，以激发学生课堂学习的主动性，达到课堂记忆语言知识点的目的。英语阅读教师可以通过CALL教学模式激发学生自主探索英语阅读方法，从而有效地提高高中非英语专业学生的英语阅读水平，帮助教师开展有效的阅读教学课堂。

（二）依据现实发展情况逐渐建设创新性较强的英语阅读教学环境

学生的英语阅读技能和方法需要建立在一定的环境基础上。在这样的背景下，学生可以根据自己的经验运用不同的手段来收集新知识，从而建立和构建新的阅读知识体系。利用CALL教学模式的优势，建立符合学生发展趋势和时代发展趋势的英语阅读教学课堂和氛围。在CALL教学模式下，教师可以通过文字、声音、图像、表格、音频和动画等方式来教授学生阅读知识和技能。在这种独特的教学模式下，学生可以选择基本英语阅读方法和阅读材料，获得更多的自由和独立，可以充分调动学生参与学习英语的热情，也可以帮助学生构建一个新的英语阅读学习的计划。另外，CALL教学模式可以利用多媒体和网络视频来激发学生自主学习的热情。在这种模式下，学生可以适当选择自己感兴趣的内容进行训练和提高，这可以极大地激发学生的思维能力，帮助其提高阅读水平。

CALL教学模式在高中英语阅读教学模式中的应用价值也越来越高，有利于高中学生阅读能力的提高。因此，必须加强基于CALL模式的高中英语阅读教学模式的研究与探索，才能更好地培养新世纪所需要的复合型人才。相关人员也应该逐步加强调用之间的配合模式和高中英语阅读教学模式，并利用计算机技术的便利来弥补阅读教学的不足，以便提高学生学习英语的效率和质量。

第二节　高中英语阅读与任务型教学

一、英语任务型阅读教学的重要性

在英语学习中，阅读能力一直占据着非常重要的地位。只有具备熟练的阅读能力，才能更好地吸收语言材料，增加语言知识，扩大英语词汇量。有了阅读能力，就可以为提高英语口语能力和写作能力打下基础。同时，在英语阅读中，会培养学生流利的语感，使其产生学习英语的兴趣。

二、任务型教学模式的特点

任务型教学法在英语教学活动中的应用现阶段主要有以下几个特点：第一，重视教学的意义，将教学活动更贴近自然。第二，强调教学任务要源于现实生活、接近生活，教师要充分调动课堂气氛，使教学内容给学生留下深刻的印象。第三，任务型学习的设计应注意后期任务的完成。只有合理完成任务才是学习任务完成的主要标志。也就是说，任务型教学把任务看成是课堂上的语言学习活动，课堂中所涉及的语言活动非常接近自然。此外，任务型课堂教学的优势在于，它可以解决英语知识中的实际问题，即交际问题，这些问题大多是贴近学生生活和现实的，使学生产生兴趣，并积极地学习和探索。此外，任务型教学模式更注重任务是否完成和具体情况。

例如，我们应该根据英语阅读和交际的特点，设计以下的英语阅读活动。第一，注重语言知识的教学，但不是单向灌输，但在任务分配后，让学生觉得我必须得到必要的语言输入来完成这个任务。第二，充分体现真实性原则，即语言材料的真实性。问题设置应尽可能基于学生的实际。同时，要求学生提供真实的感受和想法。教师还应该用真实的想法与学生进行交流。

三、任务型教学模式的教学目标

学生的学习压力很大，面对考试，学生的情绪相对不稳定。在这个阶段完成英语阅读学习，教师应起到指导和促进剂的作用，阐明英语阅读的方法和任务的重要性，调节课堂气氛，与学生加强沟通和互动，充分激发学生的学习兴趣和能力。这能帮助学生整合英语知识，掌握英语语法和词汇，全面提高英语任务型教学效果。换句话说，英语教学的目标是培养学生的阅读理解能力和学生的英语素质。教师扮演着主任和监督者的角色。在任务型教学中，逐步激活课堂气氛，促进学生阅读的兴趣，加强师生之间、生生之间的活动和互助，使学生保持积极进取的状态，有效完成英语阅读教学目标。

首先，任务型阅读教学的目标是从学生的生活中获得源泉，让他们接触到最新的文献阅读，总是让学生保持新鲜的语言学习，使学生愿意探索新知，主动与现实结合，建立个人学习习惯和思维能力，产生良好的阅读情感，愿意并积极参与英语任务型阅读。

其次，教师要发挥促进者、提问者和引导者的作用，控制阅读教学中的课堂气氛。教师不可“独来独往”，教学工作的开展不能枯燥乏味、杂乱无章、无组织、无纪律，而应灵活多样。

最后，教师应使学生的学习环境的各个方面更加开放，使学生能够灵活地接受，以满足更多学生多样化的发展需求。为学生提供多种获取语言信息的渠道，帮助其将语言知识运用到阅读实践中。教师不能仅局限于本单元内容的学习，而应把前几单元或者以往学习的相似知识联系起来，寻找到其中的规律，这样学生对于所学内容就更加清晰明了，对于日后课本的复习也会更加印象深刻。

四、任务型教学在高中英语阅读课中的应用

以外研版高中英语第二册第三单元为例，简单阐述如何将任务型教学贯穿于阅读课之中。这里主要介绍了18世纪欧洲著名的三位作曲家，文章以人物传记的方式进行描写。

首先，在阅读环节，通过设计best choice、time axis和table等不同的阅读任务，让学生从各个角度对文章有一个更加深刻的理解。同时，将三个较为独立的人物传记有机地结合在一起。

其次，让学生设想被邀请去参加中央电视台《朗读者》的节目，需要介绍一位你最喜爱的音乐家。学生想要介绍谁、怎样介绍呢？为了能够更好地介绍，学生要运用本节课所学到的人物传记类文章的写作要求和特点。同时，在小组讨论环节，组内成员对这一话题充分展开讨论。最后，在呈现环节，需要学生组织语言并能够灵活地运用所学的词汇和短语。

最后，假设学生最喜爱的音乐家将要举办一场音乐会，被邀请制作音乐会的海报，为了吸引更多的听众，可以采用图片和文字相结合的方式。音乐，是这一单元的话题；人物传记，是这一单元的写作任务。笔者将音乐和人物传记有效地结合在一起，既选择了一种学生们喜欢的方式，又充分展示了学生们的个性。

综上所述，阅读教学是高中英语教学的重要组成部分，为了保证任务型教学在英语阅读课中的顺利开展，教师在设计任务时应始终贴近生活，让英语阅读与学生们的生活息息相关。同时，任务也应环环相扣，紧贴主题。

五、英语课堂任务型阅读教学的设计

（一）阅读前（Pre-reading）

1. 教学生通过猜单词来认识单词

首先，让学生自己读这篇文章，并画出他们不懂的单词。然后，学生收集他们不认识的单词。教师负责用常用词来描述生词。让学生自己猜单词的意思。

2. 用图片让学生猜文章的内容

鼓励学生回答他们喜爱的食物，激发他们阅读的兴趣。

3. 通过文本的主题扩展这类主题

通过讨论和回答，英语学习不再那么枯燥。

4. 把学生的学习和他们自己的经验联系起来

教师可以在阅读之前问几个问题，让学生试着回答，让学生有一些思考和回答。这样，学生会觉得阅读与他们的生活密切相关，特别有趣，他们的行动会变得积极。

（二）阅读中（While-reading）

阅读前的准备工作是为了使学习阅读顺利进行，因此阅读过程是阅读的中性环节。教师应该教会学生在阅读过程中抓住文章的中心思想，抓住关键词。当遇到难以理解的章节时，教师应鼓励学生自己提问或及时查阅英语词典。一般阅读可进行三次：第一次是浏览，第二次是快速精读，第三次是看到主题课后，加上标题，再读。三次阅读之后，基本上了解了内容，这个问题在文章的后面也解决了。

（三）阅读后（Post-reading）

学一篇文章并不是为了阅读后的自由，而是要思考自己从这篇文章中学到了什么，学到了多少生词，学到了多少新句子，从这篇文章中得到了多少人文启示。

六、任务型阅读技巧的指导

（一）找出文章的主旨句子，把握全文

每一篇文章基本上都有一个句子来概括整篇文章，为整篇文章奠定情感基调。如果我们找到这句话，就能大致把握全文的中心意思。一般来说，一篇文章的主题句常常被放置在文章的开头或结尾，而且可能有过渡句子或关键引导词，如but、however等，当看到这些字，就知道后面的内容是作者的重点。

（二）抓住阅读理解中给的题目

每一道阅读理解题不仅是对学生话题的考查，更是对整篇文章的本质的考查，有些问题甚至是整篇文章的上下文。因此，如果我们首先看到问题，我们可以大致知道这篇文章说的是什么。以这些问题为提纲，然后根据对文章的理解，添加更多的细节来完善整篇文章，让它有血有肉。

（三）要有良好的阅读习惯

好的阅读习惯会大大提高阅读效率，而一些不好的阅读习惯会使阅读效率下降。例如，一些学生在阅读的过程中会一个一个地指向单词。事实上，这是非常耗时的。一些学生遇到不认识的单词时感到慌乱，他们觉得自己再也不能往下阅读了，必须先找出它的意思。其实这是一种很不好的习惯，它只是一种心理作用。因为我们不可能知道所有的英语单词，不知道几个单词并不影响我们对整篇文章的理解，我们可以通过参考上下文来理解文章。如果此时我们查英语词典，当我们知道这个词的意思时，刚才的语感可能就消失了。

第三节　高中英语阅读与图式理论

一、图式理论对阅读理论的分类

根据图式阅读理论，读者的阅读能力主要由三种图式决定：语言图式、内容图式和修辞图式。

语言图式是指读者先前的语言知识，即语音、词汇、语法知识。这是高中英语教学中比较重视的一种知识。因为没有相应的语言图式，我们就不能识别文章中的单词和句子，所以我们也就不能理解文章。

内容图式是指文章的内容类别和主题，因此内容模式也称为主题模式。根据文章的内容或主题，读者可以猜测文章的大致内容，尤其是对于英语文章来说，大多数英语阅读理解文本都有着密切的逻辑关系，所以主题和段落的主题句往往比较突出，容易看到。因此，在日常英语阅读课上，除了激活学生的语言图式外，教师还应该运用各种训练方法激活学生的内容图式，从而使学生对文章进行整体把握。

修辞图式是指对各种文章的篇章结构的认识。不同体裁文章的文本布局有一定的规律可循。例如，叙述主要掌握了谁、什么、何时、何地、为什么等要素；说明文主要是分析文章的写作顺序；议论文主要是把握作者的观点及其依据。如果教师可以在课堂上夯实各类文章的结构知识，那么学生就可以从例子中进行推论。

语言图式是基础。内容图式和形式图式可以帮助我们更好地理解文章。没有语言图式，内容图式和形式图式就不起作用；没有内容图式和形式图式，对文章的理解只能停留在词语解释阶段。

英语阅读，通常是指阅读地道的英语书籍或报纸杂志。这对于英语国家的读者来说是相对简单的，他们不需要接受高等教育，也不需要阅读整篇文章，就可以在几分钟内掌握要点。而对于非英语国家的读者来说，很多看似简单的句子或文章往往因为没有抓住重点，以致完全误解了文章的意思。

究其原因，英语文章通常是用灵活、时尚的流行语言来描述的。根据图式理论，如果文本内容与读者现有的图式网络基本一致，读者可以从文章中获取新的信息，并在已有的图式中进行编译，很容易达到预期的效果。阅读是将已有的图式与文章的信息相结合的过程。读者和作者之间的交集越多，阅读时就越容易理解文章的内容。许多英语学习者希望他们能像英语国家的人那样唱英语歌曲、看英语光盘和读英语报纸。然而，这些看似简单的活动却给英语学习者带来了困难。

二、图式理论对英文原版书阅读课程教学的启示

在阅读中，语言图式、内容图式和形式图式相辅相成。这里从阅读前、阅读中、阅读后三个阶段分析教师应如何调动学生已有的图式，以达到满意的阅读效果。

（一）阅读前的准备阶段

根据图式理论，学生现有的图式网络是理解课文的必要条件，内容图式可以弥补语言图式的不足。但是每个学生的情况是不同的。不可能让所有的学生都拥有相似或相同的图式网络。教师应尽量调动自己现有的图式来帮助学生理解文章。

如果学生能在阅读前搜索相关资料，就可以事半功倍。这样，学生不仅可以了解文章的背景知识，还可以理解文章的相关内容。英语阅读不仅要欣赏语言，还要对作者的观点有正确客观的态度。文章涉及的主题多种多样，包括丰富的语言特色、文体风格等。如果学生在阅读前能了解文章的总体结构以及标题和引言的制作原则，就会更容易在阅读中抓住要点，既能结合新旧知识，又能提高阅读效率。

（二）阅读中的引导阶段

许多学生片面地认为，只要记住主要词汇，认真分析长而难的句子，阅读简

单英语就不会有问题。其实，英语原著的写作特点、语言意义是灵活多变的。

对于英语国家的读者来说，他们与现有的图式相结合，形成新的图式，并将新的信息编入文本中。对于初学英语的读者来说，这种自上而下阅读模式留下了许多问题。因为标题和引导词中经常使用新词，在句子结构上达到集中的效果，在语法上吸引读者。读者在阅读中要把握文本的结构，对文本进行一系列的预测和判断，使语境清晰。

通过对文章框架的分析，扩大读者与作者之间的图式交集，进而理解文本中的难句、难段落，看其所要传达的重要信息是否缺失。也就是说，通过充分调动现有的图式，读者可以对文章有一个深刻的了解，并进一步完善自己的图式网络，提高阅读效率。

（三）阅读后总结

全文阅读的完成并不意味着阅读活动的结束。阅读本身就是一种日常活动。抓住重点是阅读的重要目的。阅读后，读者理解了文章的语言和文本。复述文章是巩固阅读的重要手段之一。

对于一般故事书的复述，最重要的是抓住关键问题；而对于批判性文章，作者的态度应该是明确的。由于中西方文化的差异，以及在很多思想上立场的不同，读者应该分析作者的结论是否正确，推论是否合理。

复述只是巩固阅读的手段之一。同一作者使用的语言结构是相对固定的。如果我们能找到一些相关话题的材料，鼓励学生用已有的图式来模仿写作，不仅可以帮助学生灵活地学习和使用，还可以提高学生的学习兴趣。读与写相结合，输入与输出并重，可以帮助学生发现语言的不足，更好地理解文章的意思。

阅读前、阅读中和阅读后是紧密相连的。只有充分调动现有的模式，读者才能更好地理解文章，改进自己的模式网络。

三、图式理论对英文阅读课程教学的意义

根据图式理论，在对语篇理解过程中，读者会将语言知识与自己的经验以及自己的思维轨迹联系起来，在记忆库中获得知识图式，从而对文本的意义进行预测、推断和判断。它既有验证又有纠错，既有判断又有联想，逐步完成文本与读者之间的和解、修改、扩展和转换，最终理解文本。也就是说，文本本

身是没有意义的，它只是引导读者根据已有的图式来恢复或形成意义，这对英语阅读教学具有重要的指导意义。

通过阅读，文本中的信息基本上被编译成现有的图式网络。这时，教师要求学生复述或模拟写作，既能巩固所获得的信息，又能突出语言运用的功能，使新旧知识相结合的新图式转化为技能。

阅读本身就是读者与作者之间的交流过程。图式的交叉越多，读者就越能理解文章的意思。因此，激活和丰富学生的图式是教师的职责。高中生思维能力强，如果他们能将新旧知识结合起来，不仅能真正理解文章的内容，而且能完善自己的图式网络，从而保持对语言使用和知识更新的高度敏感性。

第四节　高中英语阅读与支架式教学法

一、支架式教学的含义

“支架”源于建筑行业用语，指“脚手架”。“支架式教学”源于建构主义，基于维果斯基的“最近发展区”，强调以学生为中心，培养学生解决问题和自主学习的能力。在教学过程中，教师为学生搭建“支架”，让学生通过支架逐渐攀登，以培养独立解决问题的能力，成为独立的学习者。

二、支架式教学在高中阅读课中的应用

（一）激情导入、巧设铺垫，设计课前学习资源

1. 进行科学的教学分析

在授课之前，教师应结合即将讲授的阅读文章的主题，尽可能多地了解并综合分析学生所处的学习环境、学生的特点和要求学生完成的学习任务，切忌对教学参考书、教辅材料或其他教师完成的教学设计照搬照抄。有了科学、准确的分析，教师能够根据本单元的教学目标来确定本课时的教学目标，准确定位重、难点知识，避免过高或过低地估计学生水平，脱离学生的学习实际。

2. 精选语篇，提高学生的认知能力

在选择并设计课前学习资源时，可以选取和即将要讲授的主题相似或话题接近的文章，进行一定的加工处理，尽量将课本中需要学生掌握的词汇、短语和语法等知识在所选文章中体现出来，引起学生的兴趣，为学生对本课的学习搭建台阶。学生在课前学习时，既能够拓展知识面、增加阅读量，又能够提前对将要学习的知识进行认知、体验。在课堂中还会复现知识，有助于对语言知

识和语言技能的学习。

（二）搭设支架、设置情境，设计课中教学环节

1. 调动学生原有认知，为阅读文章做好铺垫

在进行这部分教学设计时，要注意避免过多依赖多媒体，动辄播放一段视频，而不管该视频是否对学习有所帮助，也要避免展示图片太多且杂乱、幻灯片设计过于花哨等问题。教师可以结合课前学习资源，检测学生预习和自学的情况，运用头脑风暴、图片展示等简洁、有效的方式，迅速调出学生已有的认知，有助于教师有针对性地进行下一步教学。

2. 培养学生的阅读策略

教师通过合理的知识呈现，采用预测、猜测词义、确定主旨大意和重要的细节问题、分析篇章结构等多种策略，设计适合学生心理特点和能力水平的情境来激发学生主动参与课堂教学，让学生有充分的思考和参与语言实践的机会。引导学生捕捉获取信息的线索，要把语言知识的学习融入阅读的各个环节，帮助学生建构与所读材料有关的认知环节。

3. 合理设置情境，让学生通过梳理的信息实现对知识的再认和再现

教师可根据本节课阅读文章的主题和文中场景，尽量设置一个学生能融入的、可信的、将来可能会碰到的真实情境，任务设计也尽量贴近学生现实，不宜过大或过小，从学生的角度能尽力完成为合适。通过教师示范、学生思考并讨论、小组合作等多种形式，真正地让学生将所学的知识迁移到新的比较真实的情境中去，这样学生才能对知识有深刻的记忆、理解，并能真正地活学活用。

（三）分工协作、多重评价，设计课后复习资源

1. 注意分工协作的有效性

无论在课前、课中还是课后学习阶段，不同学习程度的学生都可能会遇到经独立探索后自己还不能解决的问题。这时候教师不宜马上给出答案，避免传统教学中教师“一言堂、满堂涨”的现象出现，而应该着眼于培养学生的创造性思维和处理问题的能力，给学生合理分组、布置合适的学习任务，促进学生的研究性合作学习。

2. 注重评价

在新课程高中英语教学中，评价不应流于形式。在形成性评价过程中，无论教师还是学生都能获得发展。可利用教师评价、学生互评等多种形式，教师对学生在合作活动中存在的问题再次进行点拨，对学生的学习效果进行评价的同时引导学生进行反思。内容包括以下几种：

（1）自主学习能力

学生反思自己是否进行积极的思考探索，对所学文章的背景知识、结构等是否理解。

（2）对所学知识的意义建构

学生反思自己是否对所学知识真正内化，对阅读策略是否有更深的理解。

（3）小组合作中做出的贡献

学生反思自己是否积极参与小组活动，是否做出了积极贡献。

3. 科学设计课后学习资源

课后学习资源应该比通常意义上的课后作业更加丰富，既能检测当堂课所学知识，对学生所学知识进行复现，又能在新的情境下对所学知识进行再现。课后学习资源应该形式多样，难度递增，可以设置一部分所有学生能共同完成的任务，再设置一部分选做的任务，适当的时候也可以让学生尝试编制一部分习题，让学习任务在课后得到延伸，真正地使学生完成从接触、学习、理解、内化到应用的过程。

第四章

基于核心素养的高中英语阅读教学

第一节 基于核心素养的高中英语阅读教学理念

一、教育理念的演变

教育理念是教育主体对教育现实的反映，同时，也指导着学校的教学活动和学习活动。近几十年来，我国的学校教育理念从应试教育理念、素质教育理念，发展到今天的以核心素养为核心的全新的教育理念。从中不难看出，我国的教育在不断发展，在不同时期的教育理念指导之下的教育实践都有着不同的特点与影响。

（一）从应试教育到素质教育

1. 应试教育

时至今日，应试教育理念依旧对教育实践有着极为广泛的影响。对于教育理念存在的原因、发展过程、基本要素以及影响有一个清晰的认识，有利于在我国原有的教育理念基础上进行变革，以推行核心素养的教育理念。

（1）应试教育存在的原因

随着研究者对应试教育研究的逐渐深入，对于应试教育形成的认识已经比较科学。经过对学者们的观点进行分析，总结出应试教育理念存在的主要原因有四个方面：第一，经济根源。应试教育存在的经济根源是对社会有限资源的竞争和教育事业发展的落后，从而导致教育需求大于供给的局面，是应试教育理念长盛不衰的基础。第二，文化根源。应试教育理念是中国的文化产物之一。中国文化具有长期目标导向的特征，中国文化讲“面子”，人们对于中华文化的片面理解和对于落后文化的追求是应试教育存在的文化基础。第三，人为因素。应试教育理念的存在，其中一个很重要的原因就是人们对教育理念做了最简单的选择和固化处理。第四，人才评价标准。这种单一衡量人才的标准，使得培养人才的教育不得不为学生能否进一步接受高等教育着想，为学生能否顺利跨过用人单位录用门槛而考虑。于是，应试教育理念就得到了不断的传承与强化。

（2）应试教育的发展与由来

应试教育倾向的教育思想有着悠久的历史。其中，最为突出的就是科举制度，它使考试成为中国社会筛选人才的一种重要方式。人们在现实的教育活动过程当中，把考试这一手段变成了目的。

在中华人民共和国成立之后，国家高度重视教育对于提高全民族素质所起到的重大作用，大规模地进行教育事业建设，成功兴起了世界上最大规模的义务教育。然而，中国的生产方式仍未满足人民日益增长的文化需求，教育质量的区域差异仍然存在，这就决定了中国的教育资源无法满足社会所有成员接受高等教育的要求。因此，教育的筛选和选拔性功能便显得尤为重要，应试教育成了学校主要的教育追求。近几十年来，应试教育理念成为中国学校教育的主流教育思想，从而影响着学校的教育实践。

（3）应试教育的基本要素

虽然应试教育的教育思想在我国教育中占据统治地位已有多年，但却缺少对应试教育这个概念统一的成文规定。这里通过分析国内学者对应试教育现有成果的描述，来窥视应试教育思想所包含的基本要素：第一，目标取向。应试教育理念以升学为目标取向，这样的教育是为了学生能够顺利拿到高等学府的录取通知书。第二，教育性质。应试教育是以应付升学考试为目的的违反教育教学规律的一种传统教育模式。简单地说，这折射出应试教育是十分注重选拔性的。第三，教育内容。应试教育的内容偏重升学考试科目的书本知识。应试教育是一种只以教材知识和应试技巧为教育内容的教育活动。

综上所述，应试教育的教育思想包含着以学生的升学为目的、片面地追求考试成绩、过分地重视知识的积累、注重选拔和淘汰等几个基本要素，是一种较为片面化和功利化的教育理念。

（4）应试教育的教育理念对于我国教育的影响

作为一种教育思想，应试教育是中国教育实践探索的产物。作为一种指导理念，应试教育的教育理念为中国的教育乃至中国的社会做出了贡献。第一，应试教育的理念创造出了一种相对公平的环境。应试教育让所有人都可以在一个相对公平、公正、公开的平台上竞争，并且获得相应的教育资源和其他社会资源。应试教育作为一种规则，是极具合理性的。第二，应试教育在一定时期内合理地配置了国家有限的教育资源。应试教育的理念从配置资源方面来看，是符合公正合理地分配有限的教育资源，为有能力和有意愿进行深造的学子提供机会，为国家进行社会主义建设输送人才这一要求的。

（5）应试教育对人才、教师和教育的影响

应试教育是以追求升学为目标的培训式教育，已经带来了较多的弊病，因此，它不能很好地适应现代社会的发展，不能助力全面发展人才、专业教师的培养和先进教育的发展。

对于应试教育的分析是在前人的研究成果上进行的，包括应试教育存在的原因、发展历史、基本要素以及影响，从而对应试教育有了更为全面的了解。应试教育理念是把教育的选拔性功能放大，而忽视了教育的社会化功能，即培养人的单方面素养的一种教育思想。教育实践取得的进步必须以先进的教育理念为指导。应试教育理念弊大于利，所以，逐渐被新的教育理念——素质教育所取代是必然趋势。

2. 素质教育

素质教育是改革开放以来的教育重心，它跳出了理论的僵化模式，力求打破应试教育不科学的教育方针。我国的教育事业不断地寻求突破和进步，充分认识到落后的应试教育的功利主义不再适应社会的需要，从而提出了实施素质教育的新政策。

（1）素质教育存在的原因

在现代化的素质教育发展之下，学生不再是仅接受知识的受教育者，而是追求思考、探索与创新的新一代未来改革家。实施素质教育的因素主要集中在四个方面：第一，中国吸收中外优秀教育理念的精华，是结合改革开放的创新、求实思想和学生的全面发展的现实需要提出来的。第二，过去只追求数量而忽略质量的“应试教育”，难以发挥出受教育者的实际才能，遏制了“人才”的思维能力，所以遭到了社会的摒弃和淘汰。第三，经济基础的蓬勃发展，各阶层教育意识的不断深化，追求素质、才能、道德等的教育要求逐渐提高，渴望建立全面的教学环境和崭新的教育制度。第四，为了适应知识与智慧并重的时代步伐，实施素质教育更加能够贯彻落实科学发展观的指导方向，真正做到解放思想，与时俱进。

（2）素质教育的影响

素质教育的影响力辐射到落后的教育地带，改变了教育停滞不前的局面，致力于解决高中只重视知识传授，而忽略了学生德智体美的全面发展，对于处理学生厌学情绪以及学习困难的问题具有独特的价值，保证了教育的公平性，树立了青少年学生终身学习的理念。素质教育要求着重关心儿童发展的心理、生理需求，解决地区教学条件落后、环境恶劣的普遍现象，体现出了素质教育对于教育发展的特殊价值。

（3）素质教育的局限性

素质教育依然存在局部的问题与局限性，是素质教育稳步前进的巨大障碍。制约素质教育在全国各地区持续发展成熟，主要有以下几点障碍：第一，功利主义价值观的笼罩。受功利主义价值观的恶劣影响，持续升温的“择校热”“升学焦虑”等焦点问题成为教育的阻碍。第二，社会与学校的管理力度不足。首先，新媒体对教育的关注度不如从前，宣传力度也大幅度减弱，使得大部分家长对素质教育的理解只停留在表层；其次，学校在各个方面对素质教育实施的变革措施仍然比较缺乏，课程设置较为单一，且枯燥无味，缺乏整体系统变革的思路和扎实行动。

（二）核心素养的含义

21世纪的学生需要具备什么样的高阶素养，才能够更好地促进个人发展，成功地生活，从而发展成为健全的人呢？针对这一问题，相关学者启动了学生“核心素养”的研究，并以核心素养为价值取向进行了基础教育改革。从核心素养的价值取向来看，目前的研究结果主要有以下几种。钟启泉的研究认为，从世界范围来看，基于“核心素养”的课程改革大体可以分为两股潮流：一是以经济合作与发展组织（OECD）为代表的“关键能力”的界定；二是以美国为代表的“21世纪型能力”的界定。这两股改革潮流都对国际教育界产生了重大的影响，其他多数国家和地区从这两个方向出发，选取界定自身的核心素养。左璜认为，国际核心素养研究主要分为两种取向：第一种是成功生活取向的思维核心型，其中，比较典型的代表是OECD及其所属成员国日本。第二种是终身学习取向的知识核心型，秉持这一取向的典型代表是联合国教科文组织（UNESCO）和欧盟，其在研究过程当中都设计了知识导向的课程体系。其实，无论是成功生活取向还是终身学习取向，最终都是为了实现人的完整。

从概念界定的方式来看，大多数国家、地区和组织都以关键词的形式界定核心素养，如OECD的“核心素养”、欧盟的“关键能力”等。分析各国际组织和国家对核心素养概念的界定及框架的建构可以发现，虽然他们对“到底什么是核心素养”有着不同的阐述，但其思想本质是共通的，即全部重视公民的关键的、必要的、重要的素养，并且全部强调核心素养的获得是个持续的、终身的学习过程。自从“核心素养”正式出现在教育部的相关文件之后，我们对“中国学生到底需要什么样的素养”也展开了积极的研究。

（三）核心素养与高中英语阅读教学理念

以核心素养为内涵的教育理念是合理多元的，既体现了“以学生为中心”的教育理念，又与“以核心价值观居先”的教育理念相融合。学生在这样的教育背景下，各方面素养都能够得到发挥，从而逐步成长为全面发展的、综合素质高的、合格的公民，能够真正成为推动社会进步的中坚力量。而教师也能够在开放、包容的教育环境当中，积极地进行教育探索，为更好地培养学生成为全面发展的人提供更多的机会和帮助。

以涵盖人的多方面素质合理要求的核心素养为教育理念，不仅克服了之前应试教育和素质教育发展过程中的片面性和空泛性，而且能够推进我国教育事业朝着更加理性和科学的方向前进。

二、核心素养对学校教育的影响

（一）核心素养对新教师的影响

教师的核心素养就是培养学生核心素养所需要的职业品格和专业能力。这两个教师核心素养又分别可分为以人为本和师德立学、综合实践和创新发展两个层级。在这两个层级下又可细分为教育主体、教育观念、师生关系、热爱教育、责任担当、为人师表、教学理念、教学技能、合作建构、总结反思、理念指导和教育技术等12个具体的方面。此外，学校还应当进一步加强教师队伍建设，从而促进教师核心素养的形成和发展。

1. 核心素养之下教师职业品格的两个层级

（1）以人为本

核心素养之下对教师职业品格中以人为本的强调，是重视教师在态度和行为方面的心理特征。它强调了以下三个方面：

第一，学生是教育的主体。为培养学生的文化基础，使他们拥有一定的人文和科学的知识，要求新教师有扎实的专业知识，同时，也要有“非专业知识”，即我们常说的跨专业知识的能力。教文学的教师要掌握一些理学的知识，教理学的教师也要了解一些文学常识，往往跨专业知识能够达到超乎想象的教学效果。在传授知识的过程中，发挥学生的主体性，使得学生找到个人的发展方向。

第二，教师应当关注学生的全面发展。林崇德教授在研究学生发展的过程中，具有以人为本、以生为本的思想，能发现学生发展的真正需求；刘莹像母亲一样关怀学生，得到了学生的尊敬。他们以学生为主体，与学生共同进步。“以人为本”这一素养是他们实践道路上前行的动力，使他们在与学生交往的过程中取得事半功倍的效果。

第三，师生之间建立平等的关系。教师所追求的不是热闹的教室，而是用心相互倾听的课堂。这样的课堂就是新教师体现核心素养教学能力的关键。被评为全国名师的王后雄就真正做到了与学生进行心与心的交流，他每接手一个班级，第一次课就是“交心课”。他坦诚地对待每一位学生，在他的思想里，没有差等生这一说法，他做到了与每一个学生友好相处。他曾这样真诚地对学生说：“凭我的年龄，虽然做不了你们的父亲，但可以成为你们的兄长，我希望每个人都能把心中的困惑和烦恼倒出来，包括学习、心理、情感等均可，我愿意做一个忠实的倾听者，分担你们的痛苦，然后，我们一起轻装前行。”正是由于王后雄教师做到了与学生多交流、多沟通，师生关系才能够如此和谐亲密。

（2）师德立学

师德历来都是教师的基本素养之一，无论时代如何改变，一名教师首先要有师德。师德包括教师的公正、仁爱以及敬业精神。作为教师，需要有使命感和责任意识。

第一，教师应当拥有热爱教育的情怀；教师不仅要热爱本职工作，更要主动地发展专业能力。同时，作为时代的人才，我们必须有终身学习的意识，对于新思想、新方法、新知识，要有谦虚的学习态度，不断提高自己的专业发展水平，才能不被时代抛弃。王颖华博士与周春良博士同样都是研究卓越教师，前者以卓越教师为基础调研，后者则以国内163位特级教师做调研对象。他们的调查结果显示：作为卓越教师，专业能力与自身的学习能力是息息相关的。只有不断地学习，与时俱进，才能够更好地掌握教师的专业技能，进而知道如何成为一名卓越的教师。

第二，教师要学会担当责任。例如，教师要克服职业倦怠，在学习上、生活上关爱学生。作为21世纪的教师，一定要有终身学习的意识，对于新的理念、新的方法、新的知识，要有谦虚学习的心态，才能够不断提高自身的专业能力，不被时代抛弃。教师既然选择了这份职业，无论这个过程有多艰辛，都应该风雨兼程，一如既往地热爱这份职业。随着教龄的增长，很多教师都会出现热情消退的状况，随之而来的便是职业倦怠，职业倦怠是教师成长过程中最大的阻碍。因此，作为教师，如何克服职业倦怠则成为一个重要的课题。终身学习是必不可少的，因为只有在无涯的学海当中，教师才能够时刻意识到自己是一个无知的人，对于世间的很多东西还处于未知状态，这时，好奇心便不会让人停下脚步，因而职业倦怠也不容易出现，因为在这个岗位，教师需要不断地为自己注入活水。教师这份职业最大的特殊性就是工作对象是活生生的个体，所以要学会关爱学生。关爱学生，不仅要在学习上关爱，而且在生活中也要学会关爱，教师要做学生学习的引导者、交际中的知己朋友、生活中的衣食父母。只有这样，才能够很好地构建新型的师生关系。

第三，为人师表。教师可以从教学环境，与学生、同事友好相处的过程中获得情感关怀，并把自己丰富的学识和高尚的品行传递给学生。

朱萍老师对教育有着强烈的使命感，把育人作为教师工作的制高点，用爱祖国、爱学生的激情燃烧着自己，同时，也感染了周围的人；邓北平老师在课堂上不摆架子，在学生的身上倾注了满腔热情和温柔细腻的爱；钱梦龙老师拥有崇高的教育信仰，用爱、理性与追求全身心地投入教育。

2. 核心素养之下教师专业能力的两个层级

核心素养之下的教师综合实践主要体现在教学理论、合作建构、总结反思三个方面；创新发展主要体现在理念指导和教育技术两个方面。

（1）综合实践

第一，教学理论。教师的教学理论要求教师不仅要有扎实的专业知识，而且要不断地适应社会的需要，更新自己的知识库。

第二，合作建构。这就要求教师之间通过合作来优化教学方式、完善教学内容等。

第三，总结反思。一位优秀的新教师，除了具备专业的教学能力和良好的教学德育外，在教学过程中还要不断地反思总结，提高教学反思意识，增加反思方法和内容。正因为张思明老师孜孜不倦地努力学习，才有足够的信心和底气向学生传递数学知识。同时，他独特的提问方式和教学技巧深受学生的喜爱，并且，这种方式使学生对学习数学产生了浓厚的兴趣，并体现了他扎实的综合实践核心素养。梁丽冰老师一生积极地投身于教育行业，严谨地对待自己的教学。荣获特级教师的刘莹老师，积极运用跨学科知识进行英语教育，也是十分值得我们学习的。魏书生老师是具有反思总结的综合实践素养的教师代表。

（2）创新发展

教育是艺术，而艺术的价值在于创新。教师的创新发展需要具备以下两个条件。第一，理念指导。核心素养要求教师具有一定严谨的知识结构以及相对扎实的理论功底，有精深的专业知识，能够及时关注知识更新，使学生的应变能力逐渐得到提高，能够担负起培养跨世纪人才的重任。第二，技术创新。教师要密切关注并学习更新自己的教育技术。国内外教育技术的创新，既是新教师核心素养之下的必备品质，也是核心素养的重要体现。

窦桂梅老师紧紧把握教育改革的时代脉搏，在语文教学过程中积极地进行摸索和创新，在教育教学思想上开出了“两朵玫瑰”“三个超越”和主题教学，并且与清华附小团队一起构建了“1＋X课程”育人体系。朱萍老师的授课内容从来都不重复，所以她是“充满艺术性”的；这不仅是她对自己的一种超越，更是一种创新，所以她是“充满创造性”的。提倡教育民主的李镇西老师同样具有创新发展素养。

3. 教师队伍建设与新教师个人发展

新教师个人发展与教师队伍建设有着密切关系，新教师个人专业的成长受教师队伍群体建设的影响。教师队伍建设应该呈现出欣欣向荣的良好氛围，为教师个人专业的成长提供助力，促使新教师不断提高自身素养，从而成为“四有”老师。在教师队伍建设的良好推动下，教师个体完成专业成长，这也有助于构建高质量、高水平的教师队伍，从而促进全区、全市、全国教师队伍水平的提高。拥有优质的教师队伍，才能够更好地推动核心素养教育、推动新课程改革，从而实现教育兴国。

（二）核心素养对课程的影响

核心素养的提出，对于教育改革最大的影响莫过于课程改革。学校的课程改革必须遵循教育改革的最新理念，并适应时代的发展。

核心素养之下的课程改革，将学生放在了首要位置，其课程目标的确立、教学内容的设置等都是为了培养符合21世纪核心素养要求的人才。核心素养之下新课程的规划，将一改以往“注重知识传授”“忽视情感态度价值观”“课程开发追求数量，缺乏质量”的现象，而是强调课程设置的人性化、生活化和弹性化，体现课程内容的整合性、自主性和个体性，课程内容要为学生奠定走向社会的基础，当学生离开学校后，他们能够学会如何在社会上生存；课程内容的考核更多地强调学生对知识的应用能力，而不是单纯地记住理论性的知识，是看学生到底学会了什么，这就不再局限于知识，而是应当包括技能、态度与情感以及是否具备科学素养等。

（三）核心素养对课堂的影响

基于核心素养的新课堂主要完成了两个重大转变：一是教学模式的改变，更加突出育人目标；二是完善评价体系，推动新课堂的发展。

1. 核心素养影响课堂教学模式和育人目标

在以“学生发展核心素养”为主的课程改革当中，课堂教学强调更加关注学生的主体地位。在教学模式上，推行自主、合作、探究的学习方式，以此来达到自主发展、合作参与的核心素养目标，进而实现育人功能。核心素养对课堂模式的改造主要集中在跨学科的课堂模式，力求在学科之间形成合作与创新，突破传统课堂的呆板僵化和模式化，寻求多元化和多样性的改变。同时，课堂教学结合现代信息化与未来教室，从而改进了课堂上的教学方式，使之符合当代对学生个性化的追求。现代化模式的课堂教学随着时代的发展而不断前进，也适应了时代的步伐，具有前瞻性。

（1）自主、合作、探究型新课堂

核心素养不仅在课堂、学校中获得，而且需要在与人沟通、团队合作、社会交流当中习得。因此，教学模式需要从传统的“以教为主”的单向传输转变为“以学生为主体，教师为主导”的双向教学模式。

（2）跨学科融合式课堂

“跨学科融合式课堂”为学生提供了相对完整的教学情境，进而强调学生的主体地位。多学科融合模式是学科融合式课堂的成功典范。其中，案例教学法充分体现了自主性、开放性、综合性等特点和跨学科融合教学的新课堂模式。在案例教学法中，涉及多个学科的知识，使各学科知识融合，形成比较完整的知识体系。

（3）现代信息化课堂与未来教室

信息技术素养、数字化素养是21世纪学生发展核心素质的重要方面。教师能够互动地使用信息、技术，培养学生创造科技的能力，这对课堂学习提出了新的要求。课堂教学需要在利用日益进步的科学技术设备和理论的基础上，改变教学模式，创设良好的教学环境，从而提高教学效率和教学质量。

2. 核心素养要求完善课堂评价体系

学生发展核心素养的课堂评价体系需要明确学生在各个学年阶段具体所要达到的、可操作的目标，再加上评价主体的多元化，以促进课堂教学中核心素养的落实，推动课堂教学不断发展。

（四）核心素养对学校管理的影响

管理是一门艺术，学校管理更是一份讲究方法与艺术的“脑力活”。在核心素养这一大背景之下，学校管理应当如何体现核心素养理念呢？这就要求管理者能够“以人为本”，能够做到建立具有“以人为本”理念的管理目标，在实施学校管理的过程中，注重管理绩效和管理制度的科学民主性。

三、核心素养理念下的英语教师实践探索

（一）从教材的“解读者”转变为资源的“整合者”

中国学生发展核心素养的提出，彻底转变了“学科本位”“知识本位”的教学理念。这便要求教师不但要熟练驾驭教材，而且要创造性地整合各种教育资源，带领学生去探索知识，进而建构知识与发展能力。孙立春善于整合自然界中的教育资源，她还敏锐地意识到互联网信息资源与技术资源在课堂上的教学价值，于是，微信讨论组成为她的教学方式，各种前沿科技产品都成了她的教具。在课堂上，孙立春不仅是资源的“整合者”，更是学生的“引领者”和“合作者”。在自然界当中进行观察学习，利用互联网进行互动学习，孙立春引导着学生在主体性活动中建构自己有意义的知识。

（二）从关注知识的掌握到重视探索创新精神的培养

信息技术革命的不断深化带来了知识的大爆炸，主知主义的教学方式已经无法适应时代的育人要求，只有求知、探索、创新精神和能力的发展才能够让学生为未来做好准备，并终身受益。孙立春的教学实践充分展示了她对学生的好奇心、求知欲和探索心理的呵护和鼓励。学生关于“一头绿色的牛”的奇思妙想，引起了其他学生的哄堂大笑，却得到了她的肯定和期待，而正是这份赞许保护了一株梦想的幼芽。

（三）由教学结果的“片面追求者”转变为教育过程的“恰当影响者”

教育要“遵循学生成长的固有规律，耐心地关注和引导学生”。孙立春并不急于达到教育目的，或者急于去纠正学生的不良行为，或者去发展学生的某种能力，而是在慢慢等待。她所说的“静待花开”并不是一种消极无为的等待，她在整个教育过程中都在观察学生的行为，评价学生的发展，并及时施加教育影响，这好比为花朵的幼芽浇水施肥，而非揠苗助长。作为人，学生具有其内在的身心发展规律；作为学习个体，学生也遵循着学习规律的发展。因此，教育者应该把握并遵循学生成长的内在规律。在此基础之上，教育的发展要先于学生的发展。这就要求教师要高瞻远瞩，结合时代的发展要求对学生施

加教育影响。孙立春重视互联网信息资源和技术资源在课堂上的运用，这也体现出其前瞻性的教育远见，符合中国学生发展核心素养当中“信息意识”和“技术运用”的目标。

然而，相当一部分一线教师可能会感到陌生和遥不可及，这种思想毫无疑问会阻碍核心素养的践行。理论成果扎根教学实践，其离不开专家学者的不断探索，更离不开教师群体的不断追求。一名优秀的教师不仅应做到学科业务精湛，还要时刻关注教育发展的动向，这样才能够实现教育的社会性价值。十年树木，百年树人，发展学生核心素养的教育实践前途是光明的，而道路是曲折的，教师自己要做好准备，坚持不懈，不断探索。

四、核心素养下的高中英语阅读教学

阅读是语言教学的重要组成部分，培养学生的阅读能力是高中英语教学的重要目标。《英语课程标准》中明确规定：“高中英语教学应该根据学生的交际需求和认识发展水平着重培养学生在人际交往中得体地使用英语的能力；用英语获取和处理信息的能力；用英语分析问题和解决问题的能力以及批判性思维能力。”为了实现英语阅读教学目标，根据新课程标准和新教材对核心素养和阅读教学的要求，我们有必要对阅读课的教学策略进行学习和探讨。

高中英语阅读课文具有题材广泛、体裁多样、语言知识丰富等特征，既是教学的核心部分，也是培养学生阅读能力的主要渠道。那么，如何借助这些课文来提高学生的阅读速度、阅读理解能力和语言水平呢？经过教学实践的不断尝试，不同阅读活动阶段，必须采用不同阅读教学策略，以实现不同的阅读教学目标。在课堂教学中，培养学生阅读策略能大大提高学生的阅读理解能力。如果英语教师能在平时的课堂教学中注重英语阅读策略的训练，使得学生逐步地发展“了解策略—掌握策略—熟练运用策略”。学生的阅读理解能力必然大大提高，从而提高英语成绩。教师把阅读策略的训练渗透到课堂教学中，不仅能改变英语教学中一些耗时、费力、低效的尴尬和无奈，从而提高教学效果；而且能帮助学生实现“学读”到“会读”再到“乐读”的转变，培养了学生自主学习的能力。

高中英语课本中的阅读课文具有题材广泛、体裁多样、语言知识丰富等特征，是培养学生阅读能力的主要渠道。把阅读策略训练渗透在高中课堂教学中可改变纯粹的、集中式的策略训练让学生产生的乏味、无趣的感觉，从而提高学习效率。下面，我以一节阅读课的阅读任务设计为例，介绍我是如何在阅读教学中渗透阅读策略训练的。

（一）在导入阶段激发学生的阅读兴趣

首先，为了提高学生的阅读速度，排除题干中词汇带来的障碍，在导入阶段设置了词汇拼写，这些词汇都是阅读理解的问题中出现的高频词汇。这样既增加学生的信心，又激发了学生学习课文的动力。

其次，就阅读材料向学生介绍有关问题的形式，启发学生思考，激发其阅读兴趣。导入后，介绍解题方法——导读法，先读题—带着题去读文章—找出与问题有关的词语和句子。学生看过之后，就会思考如何解决这个问题。兴趣是最好的老师。学生只有对即将使用的阅读方法感兴趣了，阅读课才能顺利进行下去。

（二）合理安排教学步骤，有层次地推进

第一次阅读：略读法。

要求学生快速阅读文章，寻找Part A问题的答案：

（1）When was Live Aid held?

（2）How many people have the WFP helped since it was established?

（3）What is the saying mentioned in the passage?

通过略读，学生了解文章大意，对课文有一个整体认识。大部分学生都能完成这项任务。

第二次阅读：找读法，猜测词义法，推理判断法。

（1）要求学生先看P4，C1中的问答题，然后指导学生用找读法阅读全文，了解重点细节并能分清文章中的事实与观点，并完成练习。通过这样的练习，训练学生知道如何找到重点细节。

（2）利用Multiple choice练习，训练学生的词意猜测和推理判断策略。

根据教学要求，教师又设计了几个Multiple choice来帮助学生对文章的理解。

① In countries where there are too many unemployed people, which help would they receive from WFP?（推断题）

A. Food for Life.

B. Food for Growth.

C. Food for Work.

根据问题，学生能推断出C为正确的选项。

② Among the following sentences，which one is not right according to the text?（细节判断题）

A. The Ethiopian famine led to destroy harvests and killed cattle.

B. Disease is the number one global health risk，killing more people than any disease.

C. Development aid together with food aid is the long-term solution to the problem.

D. Young people in eastern Nigeria are being trained to use computer technology to develop their problem solving and communication skills.

根据文章第15行：“On top of this，according to the United Nations，hunger is the number one global health risk.”这个细节，学生通过前面提到的scanning，可以知道B是错误的。

③ From the passage，we know the author thinks the most important thing to help developing countries fight hunger and poverty is ________.（写作意图推测）

A. to appeal to people to donate

B. to speak highly of Bob Geld of

C. to develop the work of WFP

D. to help them help themselves

这个看学生是否读懂了文章，而主旨大意题是阅读题中出现频率较高的。告诉学生不要以偏概全，学生能判断出D是作者的写作意图。

在平时的课堂教学中，教师应结合教学内容对学生进行不同的阅读策略指导。学生在完成学习任务的过程中练习，巩固使用策略，学生对英语阅读的兴趣及水平都会增强。因此，在课堂教学中渗透阅读策略训练是提高学生自主学习能力的有效途径。

（3）教师在引导学生理解课文时应注重掌握处理生词的时机。有些生词适宜在阅读中让学生猜测词义。例如，文本中“On top of this，according to the United Nations，hunger and malnutrition claim ten million lives every year.”这句话中的claim可以通过上下文猜测其意思是（of a thing or event）directly cause deaths；有些生词则适合用构词法猜测，如文中的breadwinner一词可以引导学生用构词法猜测是people responsible for earning money and supporting their families 的意思；此外，还有unemployed等。有些生词可以在阅读后利用讨论、讲解或查阅词典等方法让学生理解其含义；有些生词则可以在导入时与相关话题一起呈现，如catastrophe就可以在导入的时候呈现给学生。

（三）挖掘文章内涵，开展创造性思维活动

语言教学在传授知识的同时也肩负着思想教育的功能，因此，教师要善于挖掘教材中丰富的文化信息和思想内容。教师所提出的问题不仅涉及所学课文的一般事实，还可以扩展到相关领域，也可以联系学生的生活与学习，启发学生思考，使学生对所学课文有更深层次的理解。例如，针对这篇课文，我就向学生提出如下问题：

（1）In your opinion，what can we do to help solve the food problem in Africa?

（2）What can we do to help improve the education and train of the young people in Africa?

鼓励学生发表自己的见解，允许学生争论，并为学生创设自由、宽松和活泼的讨论氛围，以充分调动学生学习的积极性，激发学生的学习兴趣，激活学生的思维和情感，使学生的创造力得以发挥，并帮助其将所学的语言转化为用语言进行交际的能力。有的学生就说要根据引起贫困的原因，具体问题具体解决，要从长远角度根本上解决贫困。这就抓住了文章的中心。

（四）读后设计一系列的任务，让学生进行自我巩固

阅读之后，教师可以要求学生以口头的形式复述课文，或者以书面的形式表达阅读体会，或者就某一话题联系实际进行小组讨论，在这个用英语积极思维的过程中，学生发展了英语思维的能力和文章的谋篇布局能力。这些能力不但有利于学生提高阅读速度，培养良好的阅读习惯，而且有利于学生抓住文章要领，了解文章组织结构的能力及对篇章的推理能力。

对于本篇文章，我是这样设计的：

Post-reading activity： Ask students to search for more information about development aid and let some of them give a brief introduction to the whole class.

（通过让学生自己搜寻相关信息，培养了他们自主学习的能力。）

课后反思：英语阅读策略是指在英语阅读过程中，有意识地、灵活地运用系列阅读方法或技能的阅读学习过程和调控阅读环节的操作过程。为了提高阅读理解能力，学习者要形成有效的阅读策略，克服不良的阅读习惯。常见的阅读策略有略读、找读、词意猜测、推理判断等。一节课上下来，基本如期地实现所制订的目标，使学生的阅读策略得到训练。这节课的各个教学环节比较清晰，有三个环节：pre-reading、while-reading、post-reading。在pre-reading环节中，绝大部分学生都能参与各个学习环节，最后为学生创设了自由、宽松和活泼的讨论氛围，充分调动了学生学习的积极性，激发了学生学习兴趣。但仍有不尽如人意之处，有几个学生在小组合作学习时态度消极，参与性不高，尽管我也在督促他们，但是这几个学生只是敷衍了事，这需要我去思考如何将小组合作的活动安排得更合理、更科学，让人人都喜欢参与，愿意参与。

阅读是一个语言与思维相互作用的过程。高中英语阅读课教学虽然没有固定的教学模式，但有其内在的规律。实践证明，教师只有树立以学生为主体的思想，精心设计阅读教学过程，充分调动学生参与阅读的积极性，采用师生平等互动和生生互动的阅读教学策略，培养他们综合运用语言的能力，英语阅读课教学才能焕发活力。

学科核心素养不仅仅是知识技能，更重要的是情感、态度、知识技能的综合表现。就英语学科核心素养的培养而言，在英语阅读课中渗透核心素养是高中英语阅读教学有效的方法之一。因此，教师应顺应时代的要求，落实英语学科核心素质的要求，积极转变英语阅读教学观念，更新教学方法，以学生为主体，培养学生的阅读策略、批判性思维和鉴赏性阅读能力，提高学生的阅读体验，进而提高英语阅读教学的效率。

第二节　基于核心素养的高中英语阅读教学改革

一、高中英语阅读教学的教学改革措施

（一）充分利用现有的途径丰富阅读材料，增加阅读量，扩大阅读面

学生在英语阅读中往往忽视自己所掌握的相关背景知识。而阅读理解不仅要运用语言知识，还要依赖广泛的语言以外的知识。事实上，任何理解只有在读者已有的知识结构内才能产生。很多研究表明，读者的背景知识在阅读过程中扮演着关键的角色。读者所具有的背景知识越多，他所需要的文字信息就越少。文章中提供的一些语言线索可以激活学生的相关背景知识，这些背景知识反过来可以帮助学生理解文章的内容，把握作者的行文思路。因此，教师在课堂教学中要注意引导学生激活他们的相关知识，提醒他们充分运用自身的知识储备。因此，作为高中英语教师，在课堂上尤其是在课堂导入阶段，应该有意识地将文化背景知识的介绍融入其中，介绍相关的背景知识，以激发学生的学习兴趣和动机。

（二）结合上下文猜测词义

在英语阅读的过程中，许多学生对字典的依赖性非常大。但其实解决词汇量不足的最好办法就是根据语法知识结构，利用个人已有的背景知识来推断生词在文章中的大概意思，让学生逐渐养成自己发掘单词意思的习惯。

（三）科学调节阅读速度

科学调节阅读速度就要求正确处理细读与略读之间的关系。在细读中进行

质疑和释义是促进理解的有效策略。教师在实际教学中应当指导学生依据不同的阅读材料选取合理的阅读策略，以达到提高其阅读能力的目的。

（四）激发学生的兴趣

激发学生的兴趣具有重要意义，它不仅使阅读具有目的性，让学生在重要的信息上投入必要的精力，更重要的是帮助学生成为具有好奇心和自信心的阅读者。我们可以通过多种方式激发学生的兴趣。比如，我们可以做课文导入，针对文章的题目或内容提出一些与实际相结合的问题，吸引学生的注意力。此外，教师可以通过提供多样化的阅读材料来激发学生的阅读兴趣。通过阅读内容丰富、涉及面广的材料，学生得以在更广阔的语言环境中丰富自己的语言经历。丰富的语言经历是学好一门语言不可或缺的要素。教师选取的材料可涉及政治、经济、文化、自然科学等。体裁也可多样化，如小说、新闻报道、诗歌、戏剧等。

在阅读课堂上，教师还可以组织形式多样的活动，在活跃课堂气氛的同时也可以加强教学效果。例如，教师可以组织小组讨论，让每一位学生积极地参与，更主动地学习课文内容。如果文章具有故事性，教师还可让学生进行表演。这样，学生兴致盎然，对文章的理解也更准确、深刻。

二、培育具备核心素养的新教师

（一）新教师的历史描述

近年来，随着学生核心素养的提出，使教师的核心素养备受关注。关于教师素质的研究，历来是教育研究的重要领域，而对于以往的教师素质相关问题的探讨，则是我们理解“新教师”这一概念的前提。在学生核心素养培养的提出这一新视野下，对于历史的探寻和描述，将更加有利于我们理解“新教师”的理念和内涵。

1. 教师素质的研究综述

教师素质一直是教育领域的重要关注点之一。学者与专家关于教师素质的研究有很多，主要集中在研究教师素质的内涵与培养途径。这里将在教师素质研究取向的基础上，从“素质”与“教师素质”的定义、教师素质的结构内涵、培养教师素质的途径三个方面对前人的研究进行综述；同时，关注教育改革政策和相关文件当中对教师素质的要求；再从研究的积极意义、研究方法上存在的问题对前人的研究做出评价，以进一步地探索关于教师素质的研究趋势。

（1）教师素质研究。

① 对于素质与教师素质的释义。

陶西平认为，广义的素质是在先天与后天共同作用下形成的人的身心发展的总水平。肖武平等人对素质的释义为能力、特质、才能等，认为是驱动个体产生优秀的工作绩效的各个特质的集合，包括个体的知识、技能、个性特质和驱动力。综上所述，素质的一般释义为事物的本质。

素质是一个范围广泛的概念，反映的是不同素质之间的共性。而明晰素质的释义和教师素质的释义，能够帮助我们更加深刻地认知教师素质的内涵。关于教师素质的定义，不同学者有不同的理解。有的学者认为，教师素质实质上是教师所具有的多种心理品质，这些心理品质基于教学活动本身，有实证研究支撑，能够体现教师职业的特殊性；这些心理品质既是系统的、动态发展的，也是可操作、可实施的。

综合前人对教师素质的认识，教师素质是基于教育和教学活动的、能够适应学生发展和教师自我提升需要的心理和行为品质的综合。其中，基于教育和教学活动是着眼于教师这一职业的特殊性，教书和育人是教师区别于其他职业的最大的特征；适应学生发展和教师自我提升需要是教师职业的最终追求——培养学生发展和促进教师自身的专业发展；心理和行为品质的综合则是教师素质的本质。

② 综述教师素质的结构内涵。

对于教师素质的定义与含义的探讨有以上种种，而教师素质的结构内涵有哪些，教师素质的构成包括哪些要素，这些问题在教育研究领域也从不缺乏讨论。具体而言，教师素质的结构内涵是指构成教师素质的具体品质与要素。通过对以往文献的梳理与理解分析，学者们提出的关于教师素质的结构内涵有如下几点。

顾志红结合当时的课程改革，认为教师素质结构应包含师德、教育理念、知识素质、能力素质、身心素质、信息素质、校本课程开发的意识和基本能力以及对课程内容和实施的评估能力等八个方面。杨琼则是在教育学、教育法律制度、研究者等多种视野下研究教师素质的结构内涵。她认为，教育学视野分为传统教育学和现代教育学。在现代教育学视野下，教师的素质结构进行了相应的改进的提升，包括新的教育理念、知识、能力等。张奎明在建构主义理论的基础上，从教师作为学习促进者和社会改革者两个角色定位中探讨教师应当具备的素质结构，包括观念、知识、能力、道德与人格等。

基于前人的探讨研究，可以发现，教师素质的结构内涵研究当中，职业理想、教育理念、知识素质、能力素质和评价反馈素质等是较为普遍和认同度较高的教师素质。

③综述教师素质培养途径的研究。

与教师素质的定义、结构内涵相对应，关于教师素质的培养途径的研究也有很多。林崇德等人提出，提高教师素质可以从转变和更新教师观念、提高教学监控能力两个方面着手。教师通过参与教育科学研究，促进自身素质的提高。

（2）教师素质研究的评价与趋势。

①教师素质研究的重要意义。

第一，对于“教师素质”有更加明晰的认识。不同的学者专家在不同的时期，对教师素质（无论是其内涵还是培养途径）所进行的探讨与研究，都促进了我们对教师素质的认识。尤其是研究者结合时代的发展和社会的需求对教师素质进行的研究，使得教师素质的内涵随着时代的变化而丰富。因此，不同专家学者的研究可以帮助我们认识教师素质的发展态势以及可能发展的方向，从而帮助我们对教师素质的内涵、结构等有更加清晰的认识。

第二，有利于提高教师素质，改进教师教学。对教师素质的相关问题的探讨和研究，使社会各界乃至教师自身对教师素质都有了更进一步的认识，促使人们对教师素质进行批判性思考：哪些素质有利于教育教学活动，教师存在的哪些问题需要改进等，从而提高教师的素质。而教师的素质得到了提高，必然有利于改进教师的教学质量，从而与社会和时代的发展需求相适应。

第三，有利于学生的学习与个体发展。对教师素质的系列研究，有利于提高教师的素质。教师是教学活动的主导，学生是学习活动的主体；教师的知识与能力、教学态度与价值观，时时刻刻都会对学生产生影响。因此，教师素质的提高，将对学生的学习与个体的发展产生巨大的作用。

②教师素质研究存在的问题。

第一，研究方法单一。以往对教师素质的研究，大多都是通过单一的研究方法而展开的，如单一地采用“问卷调查”或“个例访谈”的方法，从而得出结论。单一地采用某种研究方法，其研究结果不具有代表性、科学性和说服力。

第二，研究思路和主题。历年来，我国对教师素质的研究，以理论方面居多，而具体的实践方案较少。不少学者在教师素质的相关研究中提出了自己的主张和看法，在这方面的理论已达到一定的“瓶颈”。然而，对于提高教师素质的途径和培养方式的研究却较为稀少，与这些理论相适应的具体的、可行的实施方案较少。

就研究主题而言，以往关于教师素质的研究，主要是从教师的角度进行探讨，而学生作为学习活动的主体，在教师素质研究中却不被重视。教师素质的问题，应该与学生的发展需求密切结合。

③教师素质研究的趋势。

基于前人对教师素质的研究以及研究所存在的问题，提出了关于教师素质研究的趋势：

第一，是研究方法上的改进。教师素质的研究应当以一种“研究方法为主，多种研究方法为辅”的方式进行，使研究结果更具科学性和说服力。同时，教师素质的研究要注意量性研究和质性研究相结合。例如，在教师素质的某些调查研究过程中，就要以量化研究为主，质性研究为辅，使研究数据化，用客观的数据来呈现研究成果，再用质性语言来阐述理论。

第二，教师素质的研究要更加注重对教师素质的培养途径的探讨。在提出教师素质的相关理论的同时，应结合相应的、具体的、可行的实施方案。教师素质的研究，是为了更好地提高教师的素质。因此，提高教师素质的途径和方案尤为重要。

第三，教师素质研究应当与教师角色定位的变化相结合。随着社会的发展和教育改革的深入，教师所肩负的使命也发生了较大的变化。因此，对于教师素质的研究，应当注重联系教师的角色定位，从教师的角色定位中探寻其角色所需的素质与品质。因此，教师素质的研究应和时代的人才需求、学生的素养培养需求相适应。

2. 教师素质存在的问题

在全球化、信息化的大背景下，我国素质教育虽已取得实效，但基础教育仍存在明显的问题。教师和学生在“教”与“学”的过程中扮演着不同的角色，教师围绕“学生发展核心素养”来实施教育，与学生共同发展。教师是育人模式体系的重要支撑，而教师素质成为学生发展核心素养的重要前提。

中国学生发展核心素养提出后，以往的教师素质研究所提倡的教师素质必然会有与之不相符或存在不足的地方，这里在学生发展核心素养提出的新视野下将以往提倡的、认同度较高的教师素质与学生发展核心素养的要求相比较，并对以前教师素质存在的问题进行阐述。

（1）教师职业理想

① 教师职业理想的概念。

教师职业理想包括三个方面，即教师职业动机、教师职业态度和教师职业信念。教师职业动机主要表现为权利动机、成就动机和亲和力动机。权利动机是指教师希望能制造对学校、班级和学生等的影响，想成为一名优秀的教师。成就动机是指教师希望能够达到目标，向着成功前进。亲和力动机是指教师能够和领导、同事以及学生等人构成良好的人际关系。

教师职业态度是教师对于教育教学工作所表现出的长期性、稳定性的观念。教师职业态度受教师本身的个人兴趣、抱负、能力、价值观和自我期望等方面的影响。

教师职业信念是教师坚信自己的职业和追求的目标的正确性，心无旁骛地为之奋斗，并执着追求的意向，表现为教师对教育事业的信心。

② 基于学生发展核心素养，以往教师职业理想存在的问题。

以往，教师的“教师职业动机”，只是单纯地担任学科教师角色，单一地传授知识，培养技能。如今，在“学生发展核心素养”之下，教师的职业动机不再是单一角色，而是扮演着多元化角色。教师需要把学生发展核心素养有机地融入职业理想，对学生进行思想、道德、世界观、学科德育意识的教育。

基于以往的教师职业态度，它受教师的个人兴趣、抱负、能力、价值观和自我期望等方面的影响。在以往的教师职业意志里，往往以教师为中心。在新视野之下，教师职业意志更多地结合学生，确切地说，更多地倾向于学生。

教师信念如同习惯，一旦养成就难以改变。在新视野之下，以往的教师职业信念难以让教师接受并改变，难以抛弃过去陈旧的信念而接受21世纪学生发展核心素养下新的教师职业信念。

（2）教师教育观念

①教师教育观念。

教师教育观念是对各种客观教学因素的主观心理表征，包括认知、评价、情感等成分。教师对课程、学生、教学等因素所持有的各种相互的观念，构成了教师的观念系统。

②基于学生发展核心素养，旧的教师教育观念存在的问题。

旧的教师教育观念，通常以教师为中心，学生是一个被动体，不仅学生的思维发展受限制，其个性也难以充分舒展。从而导致“唯师是从、唯书是从”的局面。这样的教师教育观念，在扼杀学生独立性的同时，也限制了学生的个性张扬。比如，以往教师在实施教学的时候，基本上是围绕着教学目标单方面地向学生输入知识；学生只是被动地接受知识。而在新视野（“学生发展核心素养”的提出）下，新的教师教育观念认为，教师需要有机融合课程与教材、教学实施、学生学习等方面。教师应有效地实施“因材施教”，以学生为中心，培养学生独立思考和创新发展的能力；同时，教师要改变教学实施方式，使课堂变得多元化。

（3）教师知识素质

在以往“知识本位”的教学时代，学生在解答问题的时候往往不考虑真实复杂的实际情境，如今明确了教育要培养有理性思维、懂得批判质疑、可以真正解决问题的人。核心素养被有机地融入教育中，学生在解答问题的时候要在真正复杂的实际情境下思考，运用科学的思维方式认识事物，多角度、辩证地分析问题，进而再解决问题。

基于此，旧的教师知识素质的本体性知识则显得有些不足，教师所掌握的特定学科知识，仅用于解决本学科的问题，进而忽略了学科之间的关联性，无法在真实复杂的情境下结合各方面考虑并解决问题。而在条件性知识当中，单一的“学生成绩评价”的知识与“学生发展核心素养”是不相符的，学生发展核心素养明确最终指向能力与品质，不能再单独依照成绩而进行评价。

（4）旧的教师能力素质

① 旧的教师能力素质及要求。

教师能力素质要求教师必须掌握最基本及最重要的教学能力；以科学的眼光去看待自己所从事的教育事业，遇到问题则上升到教育科学的高度加以研究，探索解决的新方法；具有科学管理课堂的能力，以及发展教师的自我管理能力；具有教师能力素质当中最为核心的创造能力。

② 基于学生发展核心素养，以往教师能力素质存在的问题。

学生在学习的过程中以及教师在教授的过程中，都偏向于考试知识点的学习与掌握，而对于学生的评价也过多地依赖于成绩。

基于此，旧的教师能力素质有不足的地方。教学能力当中，以前教师设计教案时缺乏创造力，为应付工作而教学，教授时忽略过程中学生的能力习得，而注重结果的知识习得，忽略培养学生的团队合作和个人自主自律行动的素养。如今，“品质、能力本位”的教学不可依照“知识本位”的方式进行教学；科研和创造可以说是发展教师素质的途径，尽管以前的教师能力素质有所提高，但依旧缺乏系统地培养。

（二）新教师的含义与核心素养

学校是育人的重要场所，教师育人的关键是培养出符合时代需求的人才和公民，那么就需要不断创新改革，育人标准在变，学校就要变，教师就要变。因而，教育的改革与教师队伍的建设成为学校改革的重任，新教师的概念也备受关注，在这个变化的时代当中，新教师的含义是什么？新教师又“新”在哪里？国内外学者对于新教师的定义及教师的核心素养都各抒己见，我们也将就此发表一些看法。

1. 新教师的含义

（1）国外专家

① 美国。

21世纪，美国教师的教育角色在不同的社会发展阶段被赋予了新的角色定位。美国一贯注重“学者型”教师的培养建设。20世纪70年代，由于社会问题日益突出，尤其是在教育上表现为对高中生的不公平对待，美国开展了教育界的“回到基础”运动，继而关注儿童的学习成绩，以提升儿童的学习成绩作为评价教师合格的标准。

在美国，新型教师资格认定正在尝试突破传统方式，采取引用表现性评价来认定。这足以透露出新教师应该具有较强的表现能力，如何在平时的课堂开展活动性课程已经成为新型教师重要的考核标准之一。加拿大著名学者哈格里夫斯认为，新型的教师应该具有以下几种特征：合作互动性、开放性及创造性。合作互动性旨在加强教师间的对话沟通与合作。开放性就是在信息技术和网络社会高度发展的时代，课程资源丰富，新教师能够学会在平台中传承、吸收和创造先进的文化，以开放的胸怀面对教育和教学。

②俄罗斯。

对于“素养”，《汉语大词典》其中一项明确解释为修习涵养，即教师的素养是指一位合格优秀的教师不仅需要具有先天的能力素质，还要具备通过长期实践、学习所体现出来的道德修养、行为修养和艺术修养等。新教师之所以新，并不是其提出的时间和概念新，而是其核心素养一直走在教育的前沿。当然，专业知识素养也同样不可或缺，它在知识素养方面的观点受到了教师的普遍认同，也在日益地收到成效。在人格素养方面，培养和保护每一位学生的尊严是教师的一个重要任务，而通常这也是现在教师教学当中最容易被忽略的一个部分。受到升学率的影响以及社会环境的压力，如今的教师越来越重视学生的成绩，而失去了寻找学生成绩差的根源的耐心，于是，便忽视了学生本身的成长规律。苏霍姆林斯基注重的不是学生成长了多少，而是学生有没有进步，对于不同水平的学生，教师的要求也应该有所区别。

（2）国内专家

新教师应对自己的工作具有反思态度和积极探索的能力，沟通过程中清楚学生的认知发展特点和心理活动，这样在教的时候才能使教学效果最大化。

新教师除了必须要有创新素养，还要能将其运用到教学上，能够开发新的课程，拥有将学科知识与社会实践联系整合的能力，能够带领学生用全新的方法和视角来看待学习知识，从而培养出更多具有创新精神的学生。

新教师的道德素养是教师从事教育事业的一切事物应当遵循社会的道德伦理关系，包括爱岗敬业、教师博爱（师爱）、教师公正、教师的仁慈、教师的义务等。我国有师徒模式传授知识技能的传统，只有教师拥有过硬的学科知识才能够将知识讲得清、教得会，因此，教师素养又称为学科素养。教师是学生发展的关键人物，要保证每一位学生的个性发展，教师本身就需要具有广博的知识。今后，教师不仅要拥有多样的兴趣爱好和渊博的知识，还要能够将这些都运用到教学当中，跨学科思维是培养创新能力的一大途径，渊博的知识是受学生爱戴的因素之一。甘乐鸣老师提出要有跨学科的创新意识。

综上所述，基于历史的综述和国内外专家的理解，对于教师的定义渐渐以学生作为评价的主体，立足于学生发展的核心素养来定义教师本身。

2. 新教师的核心素养

鉴于21世纪学生核心素养的概念，教师的核心素养综合表现在以人为本、师德立学、综合实践以及创新发展四个方面。具体表现为教育主体、教育观念、师生关系、热爱教育、责任担当、为人师表、教学理念、教学技能、合作建构、总结反思、理念指导和教育技术。

（1）职业品格

教师个人的情感和心理状态也是很重要的一个标准，教师的情感需求不仅仅局限于学校提供的物质安慰，教师的心理状态是否积极乐观也很重要。在教师教育过程中，校长作为“教师的教师”，应该意识到教师这个群体是有情感需求的，教师和学生都是一群需要关注的群体，教师要意识到自身的作用，在学校建设中是举足轻重的，除了物质上的待遇，在教学过程中受挫时，要能够得到学校领导的关怀与理解。理想学校的标准之一需要从教师和学生的感受来界定，即“学校建设者”的幸福感。教师的情绪变化与学校、学生、家庭是相互作用的，我们希望这种“润泽”可以由课堂带到学校中去。

（2）专业能力

2017年1月14日，中国教育学会“教师专业发展研究中心”成立。这足以告诉我们一个信息：在21世纪教育背景下，国家对于教师的专业素养要求越来越高，要求教师在适应时代发展的环境下，适应学生发展的需要，自身需具备更强的专业素养。

①综合实践。

教学理论：专业素养要求教师具有一定严谨的知识结构以及相对扎实的理论根底，有精深的专业知识，并且能够有计划、有目的地教会学生将理论与实践相结合。无论是以前，还是在21世纪背景下的新教师，教师应具备专业素养一直都是时代的要求。

合作建构：每位教师的风格和习惯都不同，所以，教师常常是各自备课、上课、批改作业、准备教材，然后将学生的学业成绩作为私产与其他同事的学生做比较。这样导致一堂课的内容只是体现授课教师的智慧，如果让一群教师一起备课，那么这节课将会展现出全新的面貌。教师之间可以一起开展教研活动，探讨出更新颖、更加适合学生的教学方式。公开课也不失为构建教师之间友好合作的方法，教师之间可以相互点评，指出别人的优势和不足，从而达到鼓励和反思的效果。在进行点评时，教师应该更加关注这堂课要如何上才能让学生更容易接受，而不是仅仅指出授课教师在教学技能上的不足，只有在合作交流时更多地从学生角度出发才能构建出更好的课堂教学方式。对于同样的一节课，不同的教师有不同的导入方法，但是，教师应该根据自己班级学生的实际学习情况来决定选择哪种导入方式。要使合作的效益最大化，在分析问题时，放下成见，以平等的身份，不设立场地讨论问题，这样才能够看到问题的本质，找到好的解决方法。特别是对于校领导和科任教师合作进行教学研究时，双方要克服身份和情绪等障碍。当然，合作的方式还有很多种，如一起制作教案、制订每年/每月的教学计划等，教师要积极通过多种手段分享信息，使教师资源最大化，更多地服务于学生。

总结反思：在教学过程中，总结反思是教育研究和评价的重要环节。在教师的核心素养中，总结反思是体现教学质量和课程改革优劣的重要反馈。一位优秀的新教师，除了具备专业的教学能力、良好的教学德育之外，还要在教学过程中不断地反思总结，提高教学反思意识，增加反思方法和内容。

就教师教育机构而言，第一，培养教师的高等学校要加强对教师教学反思总结的培养；第二，教师培训机构应加强对教师教学反思总结的培训。就教师工作单位而言，第一，学校需要制订合理的教学总结反思制度；第二，学校应当营造总结反思的文化氛围。

② 创新发展。

理念指导：学生核心素养当中，要求学生要有社会参与度，要有实践创新能力，因此，需要教师拥有创新素养。具有创新能力、在教学方法上独树一帜的教师，更容易关注到学生的个性化发展，也就是苏霍姆林斯基所谓的“人格素养”，即要从过去的条框中跳出来，根据学生的特点按需分配，更重视引导学生而非要求学生，使学生学会主动学习。因而，教师自身需要积极学习新的教育理念和教学方式，对于新的内容可以通过合作研究的教学方法，和同事一起共同学习。阿德勒所提到的社会根源是建立在合作的基础上的，教师的引导能够促进学生的合作意识，让学生迸发出更多新的思路。

教育技术：随着科技的发展，为推动教育信息化，教师的核心素养需要具备一定的教育技术能力，教学人员要具备对教育技术重要性的认识和应用意识，即教师不仅需要具有教育技术的媒体基础和理论基础，还需要具备利用信息化教学媒体设备与将理论应用于教学实践中的能力。教学媒体作为教师与学生沟通的媒介，其应用与创新推动着新教师核心素养的发展，教育技术的创新不仅需要教育技术理论的创新，还需要利用计算机等先进网络技术进行发展创新。在此要求下，根据教育理论基础，我国教育技术有了丰富的实践和探索，如微课视频制作、翻转课堂的新形式教学以及“慕课”（又称MOOC，即大规模开放课程）的发展等教育技术优化了教师的教育技术能力，有效地改进了课程形式与内容，扩大了学生的受众范围，为课程学习提供了极大的便利；2013年出现的“后MOOC”不仅是“慕课”的创新发展，还从教学法、服务平台、学分认证与学分互动三个方面提出了“后MOOC时期”出现的多种新样式。这些教育技术的创新发展，既是新教师核心素养下的必备品质，也是教师核心素养的重要体现。

三、核心素养下的英语阅读课堂设计

核心素养无论是关键能力，还是必备品格，都是整个教育、各个学科的共同目标。核心素养的确定，需要一个基本环节，即需要探究核心素养落实为课堂教学实践活动的可能，因为只有可以落实为课堂教学实践，才能真正成为核心素养。因此，改革教学设计、重组课堂组织方式是“核心素养落地”的一个不可忽视的要点。核心素养视角下的教学设计，必须着眼于学生核心素养的有效发展，从教材解读与处理、教学内容的选择与取舍到教学目标的确定以及教学策略设计，都必须更新理念，不断革新。

（一）以核心素养立场解读教材

1. 理论精要

就教师而言，教材是完成教学任务的依据；就学生而言，教材是学习的最基本的材料，是学习知识、提高能力的载体。学科对学生核心素养的贡献，主要通过学科的具体化——课程、教材与教学来实现。因此，教师有效、正确地解读教材是实现课堂有效教学的前提条件，对落实核心素养有着至关重要的作用。而教材的质量不均衡，就对一线教师如何以核心素养理念解读和处理教材提出了不小的挑战。

核心素养视域下的教材解读，要全面挖掘、有机整合。教师解读教材时，应该站在核心素养的高度，时时处处把培养和发展学生的核心素养放在首位，努力发掘教材中的核心素养，并加以整合。那么，教师在解读教材时，就要把发展学生的思维力作为一个重要方面来挖掘和整合。教材中没有现成的关于思维训练和思维发展的内容，教师就要对教材进行合理的二次开发，挖掘和开发教材中有利于学生思维发展的内容。核心素养视域下的教材解读，要以创新的眼光解读和使用教材。教师要带着发展和创新的眼光对教材进行解读，要有自己的个性化思考。解读教材不是只解读文本，也不是看看参考书，或者查查资料，而是要有自己的思考和观点，并且要考虑学生的情况。

2. 实践指南

核心素养视域下的教材解读，主要注意以下几个问题：

（1）全面解读教材，树立正确的教材观

核心素养下的教材解读，要求教师关注教材的双重价值，尤其要关注人的发展。解读教材就是要通过表面的语言文字深入文本内核，准确地理解文本的深层意蕴。就高中英语学科而言，文化意识的培养是一项重要的内容。

（2）整体解读教材，建构完整的知识网络

英语教材都有自己的结构体系，或者以话题为主线，或者以语言结构为主线，或者以交际功能为主线。首先，教师要从教材板块来解读编者意图，要将编者的编写意图转化为自己的设计方案，把学生的学习需要转化为自己的教学目标，并引导学生自主建构，实现教学目标与学习目标的有机统一。其次，教师要从单元整体寻找核心语言知识。教材中蕴含着许多语言知识，其中有核心语言知识和非核心语言知识。教师在解读教材过程中可以参考教材相关板块中所列的语言项目。教师确定了核心语言知识后，才能在教学过程中做到有的放矢，并围绕核心语言进行训练。

（二）以核心素养视角取舍和确定教学内容

1. 理论精要

在核心素养视角下确定教学内容，还需要教师扎实地钻研教材文本，以开放的教学理念灵活使用教材，整合教学内容，并适时拓展，促进学生各项技能的和谐发展。教师要整体性地深入研究教材，不仅要从微观角度深入研究每课时的具体内容和编者意图，力求读透教材中的每一句话，把握文本所蕴藏的内涵；还要从宏观上整体去把握一个单元、一册教材在整个教材体系中的地位和作用，把握知识发展的线索，从中理清学习内容。教学内容的选择与整合有不同层次，包括学科内的教学内容整合和学科间的主题整合。

2. 实践指南

对于核心素养视角下的教学内容确定，教师要注意以下几个方面：

（1）要基于教材对内容进行整合

英语教材大多以话题为中心，以任务为目标，以功能和结构为主线，根据学生的心理特点以及发展需求，渗透了核心素养的元素。然而，教师在教学中依然要根据学生的实际需求与长远发展目标，对教学内容进行有机的开发与整合，以适应学生核心素养发展的需求。

第一，基于核心知识，整合文本内容。现行英语教材大多采用板块式结构，阅读、语法、语音、对话等板块让英语课堂越来越综合，如何让这些“散落”的板块凝结成团，教师就要依据单元核心知识和能力给教学内容做二次开发。

第二，基于能力指标，改编文本体裁。现行英语教材的体裁还是比较丰富的，有对话、语篇、诗歌等。根据高中各年级和单元的不同要求，教师不仅可以对各种体裁的文本内容进行完善、调整和整合，如段落式的可以改编成对话式的，对话式的也可以改编成段落式的；还可以根据学生的认知水平，选择认知难度合适的原版材料引入课堂，如一些原版的绘本阅读材料，可以适度修改文本，调整这些材料的语言难度，以便更好地设计学生的语言实践活动。

第三，基于文化意识，引进跨文化内容。英语学科素养要素的重点就是国际视野和跨文化思维。不管是在文化知识显性呈现的文化板块，还是对于其他内容中文化元素的发掘，都需要教师开阔视野、开发教材，带着学生阅读大量的英语著作，大量输入有用的信息，以提升学生的跨文化思维能力。

（2）要加强单元教学的整体设计

教师要实现单元教学的整体设计，正确解读单元主题、合理确立单课话题、再构合理的文本是构建单元整体教学体系的重要步骤。第一，教师要能基于主题，设定话题。英语教材每个单元都有一个主题（Theme），每个主题下又可以设计不同的话题（Topic）。在整体设计时，教师要能基于单元主题设计各个课时的话题。分课时话题要紧扣单元主题，同时各课时之间又能做到层层递进，打造多元内涵、多信息层次的课堂教学。第二，教师要结合目标，整合内容。教师在设计教学时应充分考虑语言学习的渐进性与持续性，结合教学目标，合理整合所教单元的内容。第三，教师要能依托语用，再构文本。整体语言教学法强调以语篇带动词句的学习，有的板块没有现成的教学文本，教师要能根据教学目标和前后内容，再构板块教学文本。第四，教师要能基于内容，运用语言。学生的综合语言运用能力是英语学科的关键能力，教师应站在学生的角度，以体验学习、实践及运用来拓展教学思路，达到提高学生综合语言运用能力的目的，从而培养学生的核心素养。

四、英语教师开展阅读教学的策略

（一）培养学生对英语的语感

由于教学资源有限，教师应充分利用学校有限的资源，培养学生的基本知识和技能，培养学生的各种语言技能。

首先，教师要充分利用教材，加强课内文章的练习。对于基础知识，教师应尽可能集中精力，加强学生对基础知识的理解和掌握。随着教学理念的提高，教材也进行了一定程度的改革，主要体现在词汇的增加上。面对这么多词汇，学生记忆自然会有困难，这就要求教师对教学内容进行一定的调整；对于这一部分，教师要帮助学生加强对教材的理解和记忆，减轻学生的负担，从而避免积累过多的英语学习负担而产生疲劳，以致对学习英语失去兴趣。

其次，教师要在强化教学的基础上，督促学生多练习，有一个巩固所学内容的过程。即使教师对英语阅读教学内容做了详细的讲解，学生的记忆仍然是暂时的。只有通过不断地实践，把所学知识运用到实践中，才能使学生对所学知识有更深的理解和记忆。但是，这里所说的多练习不仅指时间长、练习多，还要学会生活、学会运用，只有这样才能达到学习的效果。学生应根据实际情况选择多种句型等造句方法。

最后，教师要加强学生的快速阅读的能力，培养学生的语感。教师可以选择让学生在有限的时间内快速阅读一篇文章，同时做一些阅读和听力练习来培养学生的听说能力。

（二）激活英语阅读课堂

1. 精设课堂提问，促使学生思维能力的发展

（1）借用教材的文本材料，预测文章内容

和上面提到的解决方法和确认策略一样，积极阅读课的学习氛围也可以通过对课文内容的预测来开始。文本内容主要包括标题、副标题、插图、表格、不同标准字体和大小、字体颜色等。这些直观的设计其实是为了突出文章中需要重点关注的部分。在教学过程中教师可以引导学生根据文本中这些比较醒目的符号信息对文章的内容进行一般的预测，然后再对自己的预测内容，通过对文章的阅读加以确认。这种寓教于乐的阅读方式可以激发学生探索未知的兴趣，提高学生的阅读热情。

（2）通过深层问题拓展文本内涵

阅读过程分为三个层次：字面阅读、解释性阅读和批判性阅读。其中，字面阅读是指通过阅读文章来获取和理解文本信息；解释性阅读是指在阅读一篇文章后，运用知识或信息来解决问题；批判性阅读包括分析、综合和评价三个层次。学生普遍缺乏对文章深入分析的能力，因此，教师在教学设计时，可以根据学生在这方面的缺陷设计具体的问题，即问题的设计要有启发性，思考可以帮助学生跟随老师提问，理解文本信息，挖掘课文内涵，使学生学会阅读，学会独立思考。

深层次问题有两类：参考型问题和评价型问题。参考型问题是针对文本的语言修辞、深层含义、文化内涵和写作意图而提出的问题。这类问题使学生不仅需要参考课文内容，还需要对所掌握的课文信息进行加工整合，从而总结出问题的答案。评价型问题是关于文本中的任务、事件、主题和作者观点的问题。这类问题更考验学生的思维和逻辑，因为这类问题没有标准答案，学生需要结合自己的知识、思考和情感体验，从不同的角度和层次，开放性地回答。

2. 以读促写，增进阅读能力的效能

英语作为一门学科，从读到写的过程体现了学生语言应用能力的提高和语言知识的扩展，是学生综合能力的表现。大部分学校的阅读教学课程专注于对文本的理解，主要就是把词汇进行简单的翻译，对语法进行逐句的讲解，而忽视了对文本结构的延伸和运用方面的训练，导致许多学生翻译了很多文章，阅读了大量的英语材料，但是在英语写作时，无法构思作文的逻辑结构，英语运用能力非常有限。事实上，英语写作的过程是锻炼学生阅读能力的过程。它不仅可以帮助学生提高英语实践能力，还可以帮助他们在写作中构建逻辑思维能力，从而提高阅读能力。

第三节　基于核心素养的高中英语阅读教学评估

一、采取定性与定量相结合的综合性评价方式

（一）用定量评价的方式评价学生核心素养的外显部分

核心素养是一个指向未来发展的概念，发展应是核心素养的生命力之所在。我们对学生的评价不能再以单纯的笔试成绩作为考核标准，而应注重测评的整体性和发展性，将学习过程评价与学习结果评价相结合。这就要求我们将形成性评价与终结性评价相结合，更加关注学生平时的课堂表现。

（二）以定量评价和定性评价相结合的评价方式评价并发展学生的核心素养

评价要以学生的发展为出发点。利用量化评价与质性评价相结合的方式，全面推进学生核心素养的发展。通过评价，学生在英语学习过程中不断体验进步与成功，认识自我，建立自信。教师应使学生认识到评价对于学习能力发展的意义，尽力提供一些切实可行的能力培养评价表。

二、运用基于生长理念的多样化学习评价方法

杜威认为："教育就是不断生长，除此之外没有别的目的。"他认为，生长既是教育的本质，也是教育的方法论。

课堂教学评价并不是独立于课堂教学过程之外的活动，其本身就是教学有机地融合于整体的课堂教学活动。只不过课堂教学评价有时较为明显，有时则隐含于具体的教学活动中。而当前的高中英语课堂教学中，学习评价常常为了

迎合而阻碍了学生生长的进度，因为应付而阻滞了学生生长的热情，因为专断而阻隔了学生生长的机会，因为划一而阻断了学生生长的时空。这些都是我们要极力避免的问题。核心素养具有指向未来、不断优化发展的动态性。因此，在核心素养视域下具有生长力量的多样化的学习评价没有一成不变的策略。课堂是动态的，具有发展性、生成性、不可预见性。基于核心素养的课堂学习评价，教师应从学生生长发展的角度，实施多样化的学习评价策略。

三、以形成性评价贯穿于课堂教学各个环节

（一）形成性评价的定义

形成性评价是美国学者斯克里芬（Scriven）在研究课程的开发和改进时首次提出的。他认为，形成性评价是在一个新的教育方案、计划，或课程的编制过程中，或者在实验改革的进行中，为获取一定的反馈信息，从而不断改进教育方案、计划或完善课程的系统性的评价。在中国，不少学者也对形成性评价做了相关界定。例如，陈玉琨教授认为，形成性评价是一个诊断过程，它存在于教育计划、教育目标、教育过程和教育活动过程中。

（二）形成性评价存在的问题及解决途径

虽然形成性评价教学目前取得了良好的效果，但要成功地开展形成性评价还需要克服一些困难。最大的障碍是如何让参与者理解形成性评价的原因。这是教师今后需要努力的方向。

1. 正确处理教学与评价的关系

“英语课程标准”指出，“在教室里形成性评价，我们应该考虑在整个课堂教学评价活动的比例，更加注重对实际效果的评估，避免使用过于烦琐的评价程序，占用过多的教学时间”。如果形成性评价占用过多的课堂教学时间，学生就会对学习产生厌倦，使教学评价流于形式。同时，为了保证形成性评价实验在评价方案的指导下有序开展，保证教师在学习过程中对学生进行客观评价，应正确处理教与评的关系。

2. 注意形成性评价的独立性特征

形成性评价主要表现为任务型学习。教师应注意根据学生的年龄特点和学习风格安排不同的学习任务，避免全班学生完成相同的学习任务，避免学习方

法和学习过程固守一种模式。对于学生自主学习的内容和方法，教师应鼓励学生在学习中发展个性和创造力。教师提倡学生在完成任务的过程中进行自主学习，完成任务后进行自我评价，让学生学会自我反思，提高学习能力。

四、多维评价体系在高中英语阅读教学中的应用

终结性评价是一种注重结果、成绩和区分的评价形式，它关注整个阶段的教学效果，在外语教学评价中一直发挥着重要作用。形成性评价强调对整个学习过程的检查和评价。哈里·托伦斯和约翰·普赖尔认为，形成性评价通常是在课程中进行的，其明确目标是提高学生的学习能力。在形成性评价的影响下，许多教师强调形式化的过程，强迫学生经历标准化的“学习过程”。

五、过程性评价在高中英语阅读教学中的应用

在英语学习环境中，阅读是最重要的语言输入方式。在阅读教学过程中，学生在教师的组织、帮助和指导下学习。是否完成了教学目标，需要教学评价的指导。教学评价既是教师获取教学反馈信息、改进教学管理、保证教学质量的重要依据，也是学生调整学习策略、改进学习方法、提高学习效率、取得良好学习效果的有效手段。传统的高中英语教学评价多偏重于总结性评价，即教师对学生已有成绩的判断，通常以考试成绩为依据，而对学生的学习过程、情感体验、态度、价值观等方面重视不够。而且，评价的主体是教师，学生只能被动地接受教师的评价，缺乏对自己学习过程的反思，一旦考试结果不理想，就会失去自信心和学习兴趣。因此，有必要构建一套有效的评价体系，检查学习过程中的每一个环节、每一个步骤、每一个阶段，努力通过实践来培养技能、锻炼能力。

阅读教学评价应对整个教学过程和教学效果实施有效监控。过程导向评估的主要创始人是美国的斯克里文。他在《评价方法论》一书中提出了语言教学评价的要点。这种评价强调以规范教育过程、确保教育目标更好实现为目的开展评价活动。在英语教学中，教师需要对学生的英语学习过程进行持续评价。首先，应该评估学生对英语知识的掌握程度。更重要的是教师要对他们在日常学习过程中的表现、成绩、缺点以及情绪、态度和学习策略进行综合评价。

教育评价学者高凌腾教授认为：“过程评价兼具目标和过程的价值取向，综合评价与学习密切相关的动机、过程和非智力因素。”这种评价主张学习动机、学习态度和学习效果三位一体的评价。从评价主体的角度看，评价包括学生自我评价、小组评价、教师评价等；从评价内容来看，评价包括学生课堂表现、课外活动参与、日常作业、小测验等；从评价方法上看，评价有描述性评价、百分制和评分制；从评价目的的角度来看，评价可以分为三个部分，主要在于激发学生的学习动机，帮助学生及时有效地控制自己的学习过程，以使他们获得成就感，增强自信心，培养他们的合作精神和持续学习的能力。

第五章

基于核心素养的高中英语阅读理解策略

第一节　养成良好习惯，学会快速阅读

一、阅读习惯的培养

培养正确的阅读习惯对于提高阅读能力至关重要，应该从以下几个方面去练习实践。

（一）良好的视读习惯

在阅读过程中，有些学生习惯逐字阅读，而且每读一个单词，眼睛就会停顿一下，而阅读速度的快慢并不取决于眼球运动的速度，而是决定于眼睛停留时捕捉信息的多少，即视幅越大，阅读速度越快。例如，“In 1864 / Lincoln became President of the United States / for the second time.”

该例句共有13个词，若逐词阅读，眼睛需注视13次，读速慢，且句意支离破碎；按意群读只需注视3次，不仅读速大大提高，而且对句意的理解也是相当完整的。

有研究表明，读速中每分钟250个词左右的普通学生在阅读每页时大约回视20次。这种回读单词或词组的习惯使其阅读速度大大降低。通常在阅读过程中没有必要回读，因为想了解的观点在随后的下文中会进行进一步解释和详细阐述。有些读者阅读速度慢就是由于回读频繁。而且，读速缓慢导致思想游离开小差，进而影响对阅读理解的信心。因此，不要允许自己回读，而是即使遇到生词也继续往前读，可同时根据上下文猜测生词词义。如果有些术语词组使理解变得不清晰，也要忽略或等读完全文之后再去回读。

如果想进一步加快阅读速度，就必须扩大视距。每次眼睛移动以词组、句型或意群为单位阅读而不是逐字去读。例如，“His lecture/not just referred to/

the cultural difference between America and China.”一句，我们可以对此只注视三次。这样视幅增大了，阅读速度当然也就提高了。阅读时，学生要有提高阅读速度的意识。每次阅读都要有清晰、明确的阅读目的，带着任务去阅读，以尽可能快的甚至使自己感到紧张的速度去读，而不是以自己感到很舒服、自在的速度去读。

视读训练的过程要求我们必须集中精力，眼睛不停地往下看。由于思想集中，也不至于形成假读（嘴里虽在念，眼睛也在看，但看过几行后，什么也没有理解，更没有记住）。

（二）默读

在小学甚至初中的学习中，已经养成了大声阅读的习惯，有时即使不出声嘴也跟着字行蠕动，觉得不这样就难以理解文章。这样的“声读”，速度上不去，有时嘴里念念有词，心里不知所云。然而，实践证明，读者正常的默读速度是他们说话速度的两倍。“默读”是通过视觉器官直接感知文字符号，速度要比出声的阅读快得多，也不影响他人。大多数的阅读都是在默读中进行的。在训练一段时间后，再进行限时快速阅读训练。教师除了向学生讲解以上方法、技能并在上课时加强督促和指导，尽量改正学生不良阅读习惯外，还要注意到文化背景知识对于正确理解文章内容也起着很大的作用。

（三）精心组织、指导学生泛读

1. 帮助学生有效激活图式

以牛津英语模块4第一单元reading部分为例（见表5-1），在lead-in中，设置以下问题供小组讨论，激活学生已有背景知识，为理解课文内容做好铺垫。

Do you like ads? Why?

Why does companies and organizations advertise?

Where can you find ads?

Can you give some examples?

What attitude should we take towards ads?

表5-1 广告实例（资料来源：浅谈高中英语阅读教学与研究）

Advertisements	Billboards, newspapers, magazines, the Internet, radio, television...		
PSAS	Educate people	Yes to life, no to drugs. Knowledge changes life. Cherish your life!	helpful, persuasive, exciting
Commercial ads	Promote products or services	Brighten-Teeth fights bad breath. Enjoy your music, enjoy your Sony!	Don't tell the complete truth, persuasive, exciting

2. 正确处理词汇障碍

在阅读中遇到生词时，如不影响对语义的理解，可以跳过它，顺势阅读下去，这有助于提高阅读速度，不打断阅读思路。有时生词可以根据语言环境中的线索合理推测出来。

（1）掌握常见的表同义关系的词：namely、in another word、this means、to put it in another way、that is、that is to say、 as、similar、like、similarly 等。

（2）英语中下定义的常用方式有：

名词（生词）+定语从句

名词+be+名词或名词从句

名词+同位语或同位语从句

名词+ be called +……

名词+means+名词

例：Album is a book in which photos are collected and kept.

（3）遇到长的人名、地名难读、记，可用一个简单的符号来代替。

3. 制定目标和综合评价模式

教师要指导学生根据自身的基础制订适合自己的英语阅读计划，包括完成计划的具体步骤和方法，可以是一周的，也可以是一个月的。无论是哪种目标，都应要求学生实现。读的内容可以是几章、几页，或者按时间规定，如每天半小时、每周三小时等，见表5-2。

表5–2　目标和评价表

September						
Sunday	Monday	Tuesday	Wednesday	Thursday	Friday	Saturday

为了保证阅读目标的实现，我们要选择合适的评价模式。要求学生建立个人成长档案袋，其中的资料有阅读计划表、读书记录卡（见表5-3、表5-4）（牛津英语每单元project的成品，如A book-let about fitness. A poster advertising a new school club）、为学生点拨（学生在阅读中所积累的重点、难点词汇、语法笔记，在小组交流时学生与其他组员分享）。学生还可根据自己的实际情况加入一些个性化的材料。

表5–3　读书记录卡1

Reading record for newspaper/magazine.	
Name：__________	Date：__________
Title of the text	
Level：__________	RW：__________
Content：	

表5–4　读书记录卡2

Reading record for books.	
Name：__________	Date：__________
Name of the book：__________	Author：__________
Content of the book：	
Back ground of the book：	
Comment：	

（四）理解式阅读

1. 判断某些生词有没有进行精确猜测的必要

例如，“Kwanzaa is a seven-day festival celebrating the culture and history of African Americans.”

此句中，假设Kwanzaa是生词，那么我们无法准确地说出它的意思是什么，但是我们能够知道它是一个festival就可以了，不再追究它的精确含义也不会影响对基本句意的理解。

2. 根据词性或构词法做出判断

例如，“Finally，although some social science majors may still find it more difficult than their technically trained classmates to land the first job，recent graduates report that they don’t regrets their choice of study.”此句中的land一词可能令人费解。如果分析一下句子成分，就不难看出它是一个动词，加上其宾语为the first job，我们大体上能从它的名词词义“陆地”猜到“着陆”，即“到达”，那么我们可较容易地选出如下三个选项中的B选项。

A. keep for some time

B. successfully get

C. immediately start

再如，“He is watering flowers.”此句中的water用作动词，很容易猜出意为“给……浇水”，所以整个句子应理解为“他正在给花浇水”。

3. 根据文中对某一生词的直接或间接解释来弄清该词的含义

例如，“Calcium，which is usually found in eggs，milk and other dairy products，are good for our bones and teeth.”此句中Calcium假定为生词，根据后面修饰它的定语从句提供的意思“含在蛋类、牛奶、奶制品中的常见物质，且对骨头和牙齿非常有好处”，我们不难猜出那种物质即“钙”，那么Calcium的意思则为“钙”。

4. 根据因果关系猜测词义

一定的原因导致一定的结果，原因和结果之间有逻辑上的联系。因此，当原因不清楚时可以根据结果部分来推断，结果部分语义不明时则可根据原因部分来分析。例如，“Some people become vegetarians because they believe it is healthier not to eat meat or because they think we should not kill animals for food.”

原因中说那些人认为不吃肉更健康，或者我们不应该杀动物取肉。那就说明那些人就是素食者，从而我们就猜出了vegetarian为“素食者”的意思。

5. 依靠常识和经验来推测语义

例如，“If you want our land to keep fertile，you must try to stop soil from being carried away by water or winds. When soil is taken away by flowing water or blowing winds，we call it soil erosion.”此句中的soil erosion，我们很容易根据常识就能猜测出是“水土流失”的意思。

二、养成快速阅读的习惯

如果仅仅停留在阅读中一些不良习惯的克服和一味地按理论方法一步一步地读，而不注重提高速度，要想养成良好的阅读习惯也是很难的。要训练、提高学生的阅读速度，应该选择以下三条途径：第一，限时阅读。有的学生平时做习题时只做单项选择题，不做或少做阅读题型，这是极不明智的。有条件的学校可开设泛读课，有步骤地进行阅读训练。第二，教师要教会学生阅读与思考并进的道理，学会整体阅读（注重文章大意，不拘细节）。第三，教师要教会学生处理好粗读与细读的关系。碰到优秀的文章，作为学习语言的读者至少要读两遍：第一遍为粗读，第二遍为细读。粗读的目的有两个：一是温习学过的词汇、词组和句式；二是提取信息，扩充知识。细读的目的同样有两个：一是学会运用新词汇、新词组和新句式；二是训练思维，提炼观点直至发展观点加以创新。既然第一遍为粗读，这就要求学生不在语言结构上做长时间的停留，重要的是把握作者的思想，发挥自己的想象。文章读下来要有“语断”，但无“意断”，流畅顺达，一气呵成，速度要快。读完第一遍后可稍做停顿用于思考，提出创见。第二遍为细读，学生的任务也非常明确，即在语言结构上下功夫。语言的学习是离不开语境的，正是由于我们有了第一遍粗读的基础，熟悉了上下文，我们才有可能更好地学习语言甚至运用语言。由此可见，粗读和细读的关系对语言学习者起着多么重要的作用。

综上，若能解决好以上三大问题，学生是可以养成良好的阅读习惯的。做好这些，良好的阅读习惯便会水到渠成。读者就可扯起风帆，穿过波涛汹涌的海面，驶向光辉胜利的彼岸。

第二节　把握阅读技巧，增进准确理解

一、读前、读中预测

促进阅读理解的重要技能之一是进行预测，包括读前预测和读中预测。在阅读全文之前，快速扫描整篇文章。扫描时，仔细读标题、段落小标题、文章第一段、每一段的第一句话，甚至有时只是阅读第一句的部分内容就已获取足够供人们思考的信息。通过阅读标题，学生可以预测文章主题，甚至有可能得出中心思想，这是因为阅读段落标题弄清总述和分述的逻辑安排。文章第一段通常会告诉学生文章是有关什么主题的。在继续读下去之前先自己进行思考预测，尽管不可能理解每个细节或第一句，但是通过阅读概括和总结性的句子，可以抓住一个总的方向。这种技能在返回去仔细阅读时可以帮助学生更好地理解短文，或者为学生寻找具体问题的答案提供了很好的思路。在阅读的过程中学生要不断证实预测的正确与错误，并根据已知的信息进行进一步预测或预期作者的下一个意图。尽管不可能预测出每个细节，有时候预测也不一定正确，作者很可能会用出乎意料的构思，但是学生经常能够预测作者写作的一个总的方向，把所读短文可能的主题缩小并锁定在一个合理的范围。边读边预测，使人们始终保持头脑警觉，潜心于所读文章，这是对所读文章理解效果的双重检查，对于理解下面的内容有极大的帮助。

二、上下文猜测词义

阅读中读者经常需要根据上下文提示猜出不熟悉单词的意思。其实，为了使文章意思清晰，好的作者通常会提供一些线索，因此学生学会从文章中发现线索来理解词义将对阅读大有裨益。以下是一些常出现的上下文提示方式：第一，下定义。这种上下文线索最容易识别出来，有时作者通过使用标点符号把该单词和它的释义隔开。第二，重述。就像给出一个定义一样特意给出意思。第三，利用同义词对比。当学生遇到生词时，应多注意这个词或表达方式在下文中是如何重复的。当学生进行对比时可以看出两个词的相似性。第四，利用反义词对照。对照的运用可以提供不熟悉词的词义提示。常常在一些句子中同时出现一个生词的反义词，学生由此可以猜出此生词的意思。第五，举例。有些句子用举例来解释生词，例句可以给学生提供不熟悉词汇的词义线索或提示。第六，释义。文中有些句子是用学生熟悉的词来解释生词。同理，对于不熟悉的习语表达的意思也可以通过以上方法进行猜测，尽管有时候习语表达的意思几乎不可能猜测出来，因为习语的意思不等于每个单词意思的总和，有时仅从字面猜测还会彻底愚弄读者。

三、关键词定句意

（一）抓住句子主干

人们阅读文章是为了获取信息，而找出句子的主要意思非常重要。为此，学生必须抓住句子的主干：第一，这个句子是关于谁（who）的或有关什么事（what）的；第二，谁（who）在做什么或在他身上发生了什么事（what）；第三，学会从主要意思中分离出不重要的细节。因为在一个句子中许多描述主语的单词仅仅是给主语增加一些细节，只有把注意力集中在句子的主要意思上，才能略过支持观点的细节而不会错过主要意思。细节很重要，但它们只是支持句子的主要意思而非句子的主要意思。因此，不管一个句子多长，句子结构多么复杂（如有多个从句的嵌套、有插入成分、有倒装语序、有虚拟语气等），只要抓住句子的主干成分，便可以获取最关键的信息。

（二）寻找句中关键词

有时候对于一篇文章的理解取决于对一些句子的理解。学生可能对这些句子会有不止一种理解，可能产生歧义，造成理解困难。通过下面有关阅读句子的练习可给学生提供一个攻克复杂句子的机会。尽管没有一个通用的公式可以套用，帮学生达到对难句的理解，但学生可以通过下列几点得到帮助：第一，确定一个句子难在哪里，明确问题，对准目标，有的放矢，重点突破；第二，学会识别重要的、可以改变句子意思的语法和标点符号线索。例如，寻找能改变整个句子意思的词汇和词缀，在“Summer weather is not uncommon”中，这里的前缀un-改变了整个句子的意思。又如，寻找句子中有关句内关系的关键词，在“In order to graduate on time，you will need to take five courses each semester or term.”中，In order to像if一样，表明某件事情必须在另一件事情发生前发生在“As a result of three books，a television documentary，and a special exhibition at the library of Congress，the mystery has aroused considerable public interest.”中，As a result of 表明一个因果关系，跟在as a result of后面的原因是某事件的原因，句中three books、television program、and exhibition是原因；the arousal of public interest是结果。

（三）判断句子的主要意思

下面例1的后面有四个叙述句A、B、C、D，分别属于以下四类中的一个：对于原句的重述，用了不同的表达方式传递同样的信息。或是原句的推论或结论，可以从原句所提供的信息中得出；或根据原句判断为错误信息；或从原句所给信息中无法判断真伪。

【例1】Heavy smokers and drinkers run a fifteen times greater risk of developing cancer of the mouth and throat than non-smokers and non-drinkers.

A. Cancer of the mouth and throat is more likely to occur in heavy smokers and drinkers than in non-smokers and non-drinkers.

B. People who never smoke or drink will not get mouth or throat cancer.

C. Heavy drinkers who run have a greater risk of developing cancer than non-drinkers.

D. People would probably be healthier if they did not drink or smoke.

解析：A句是对原句的同义陈述。B句“从不抽烟喝酒的人就从不会得喉癌”，此命题不正确。我们只知道他们患癌的概率较小。C句不正确。单词run在原句中是to run a risk of的一部分，意为to be in danger。原句没有告诉我们任何有关喜欢跑步锻炼的烟民的信息。D句是个推论，可从原句所给信息中推知。如果大量抽烟喝酒更加有患癌的危险，那么可以推知如果他们少抽烟少喝酒可能更健康。

四、主题句定段意

要理解段落就要抓住中心思想或最主要的意思。简单地说，如果一个段落没有中心思想就不成段落，就好比果核是一个苹果的最重要部分，是苹果得以生长的中心；又好比蜡烛的烛芯，如果没有烛芯就只是一堆蜡而非蜡烛，对一个段落来说亦是如此。段落中有一个句子表达中心意思，其余的句子要么解释、要么发展、要么支持这个句子。如果去掉这个句子，这个段落就失去了目的和方向，就不再是个段落。因此，中心思想就是最重要的意思，是它给予整个段落一个目的和方向。每个写得好的段落都是有目的和方向的。其目的可能是提供信息、叙述事件、进行劝说、下定义、做解释、给予指导、比较对照等；其方向通常是目的专一的，聚焦在中心思想上。下面我们将讨论如何且在何处可以找到中心意思以及整个段落是如何围绕此中心来展开的。我们的重点是获得中心思想的阅读，并探索诸如“意义的基本单元”和“主题句”的概念。一个段落表征一个基本的意义单元，一个基本的意义单元由更小、更次要的意思或支持性细节所表达、展开或支持。段落大意通常由一个主题句来陈述。一个主题句表达一个概念，其全部的意义通过支持性的细节发展和清楚表达。通常来说，主题句出现在一段的第一句，其后跟随着其他的句子，包含支持性细节，用以解释、发展或支持主题句所表达的这些意思。但有时主题句也会出现在一段的末句，或者中间，甚至有时候并没有主题句，主要意思根本没有明确陈述出来，只是通过暗示表达。在这种段落结构中，细节或支撑句被看作一个整体，构成段落大意，这就需要阅读者去概括总结。中心思想应该告诉读者所谈论的话题，表述作者有关该话题的看法。有时候，主题句会置于段末或者段中。

五、区分事实观点

准确地区分文章中哪些是客观事实、哪些是作者的观点是阅读理解中很重要的一种技能。所谓事实，是指作者讲述的客观上发生了的事情或真实情况。事实通常以直接证据为基础，而作者的观点是对信仰、判断或感觉的描写。当然，观点常以事实为基础，但它们经常涉及作者对事实的个人解释。作者的这种解释和读者的解释也许相同，也许不同，有时很难将两者区分开来。作者有可能把事实和观点综合在一起，使得读者难以区分，或者有时候涉及作者对事实的个人解释。但是，如果读者和作者的观点一致，此时要区分出事实和作者的观点是最难的。检验是不是作者的观点看法可以通过试问的方式；也可以通过在句中寻找表达主观看法的词汇，如pretty/ugly/handsome/dangerous/evil/attractive/well-dressed/good，另外，还有一些明显表示看法和观点的结构，如I believe/I think/in my opinion/I feel/I suggest等。

六、识别特殊信息

阅读理解常有许多题目要求就某一事实或细节做出正确识别或判断。这类题目内容涉及广，通常涉及时间、地点、人物、原因、经过、结果、比较、事实等诸多方面。一般来讲，要求识别特殊信息的题目答案在文章中可直接获得，一般不需要判断或推测，这时，正确答案与文章特殊信息几乎一致。因此，学生在把握文章主旨的基础上注意力应集中在特殊信息的识别上，可采取寻读方法，快速查找出特殊信息，以节约时间，有的放矢，提高效率。识别特殊信息首先要把握文章脉络，其次要寻找与题目要求相关的特殊信息，最后要检查已识别出的特殊信息是否正确并决定选项，还有另一种情况就是对特殊信息进行判断。这类题的正确答案一般不能在原文中直接找到，而是要依靠原文的相关特殊信息做出正确判断。一般来讲，这类题所要求的逻辑推理比较简单，更多的是凭直觉和对文章的整体印象。

七、分清主次细节

识别主题句或总结段落大意很重要，但是，大意不能告诉学生所有需要的信息。段落中的事实和细节有助于学生找到其大意，这些事实和细节勾绘出更完整的画面，或提供例子帮助学生理解文章的意思，或者证明一个观点，或者展示该内容与其他内容的关系。如果学生阅读的目的很明确且很快就理解了所读的内容，那么也可以忽略小的、次要的细节内容。因此，当学生要找某一段落的主要细节内容时，首先要找到段落的大意。当学生找到了所有对文章中心思想产生影响效果的事实和细节内容后，就能判断出主要细节内容和次要细节内容了。

八、推断言外之意

阅读除了需要理解文章的字面语意外，更需要通过字里行间领悟言外之意及作者的语气、态度，推测暗含的意思，这就要求读者具有一定的推理能力。通常作者不直接把他们的想法表达出来，原因是多方面的：可能这就是作者的写作风格，或者作者认为读者知道并且赞同他们的想法，或者作者在自己的表达能力上没有多大把握。运用这种技巧就意味着学生要去发现他们想要表达的意思，要“听”到作者的弦外之音，要求学生十分仔细地阅读全文，这有点像侦探工作，需要利用蛛丝马迹顺藤摸瓜，最终发现真相。但是只要读者能利用文章里的线索、常识，把各个想法联系起来，及时总结，通过猜测作者想要表达出一个什么样的观点，那么学生通常会很容易把“空缺”填好，发现作者真正想要表达的意思。这种阅读技巧在进行有效阅读的过程中会起很大的作用。随着阅读的进一步深入，要注意检查自己的理解是否正确并及时修正。

读出言外之意的另外一个方面是指单词的言外之意（Connotation）。单词有本义（Denotation）和言外之意（Connotation）。本义是一个单词的字面意思即词典所定义的词义。而言外之意是指一个单词暗含的意思，或者是我们感觉到或考虑到的意思。譬如die一词，本义为“死去，不再活着”。但是在句子“Some die at 30 but are not buried until they’re 70.”中，die的言外之意是“精神死了”或“智力方面停止发展”，比喻性语言与此有相似之处。阅读时要注意词语所出现的上下文语境。一般来说，学生越理解词汇的言外之意，就越能理解作者如何向读者传达自己的意图，希望读者产生何种思想和感受。

合理推论的步骤包括：第一，透彻理解文章，根据明示或暗示信息展开联想，追踪作者的思路；第二，分析、归纳，提出理由、事实和根据；第三，客观分析作者的立场、观点，与自己的观点做比较，避免用自己的观点取代作者的原意；第四，文章思路和言外之意相结合，揣摩确定作者的写作意图，做出合理推论；第五，由同一个已知事实可推出不止一个正确的结论。

九、领会作者意图

阅读是读者与作品乃至作者之间的交流，因此正确领会作者的写作意图和目的无疑是重要的。通常有以下三种写作目的：提供信息，即就一个主题给读者提供信息；进行劝说，即让读者相信某种观点或采取某个行动方针；供人娱乐，即以某种方式供读者消遣娱乐。有效阅读意味着识别作者的写作意图，这一点并不容易，尤其在阅读英语篇章时。作者有时会隐瞒其意图：一篇看似基于事实的信息可能真的充满了意在劝说读者接受其观点的情绪感染力；或者一篇表面上严肃的劝说类文章其实是一篇意在逗人们高兴的幽默之作。作者是否严肃主要取决于每个读者自己的批评分析。但是，还是有些线索可供读者注意以帮助他们识别所读的作品到底是哪一种。第一，提供信息类文章以事实和证据为特色，而不是观点和价值观判断。这类文章经常包含日期、统计数据或其他数字或引用材料。根据主题不同，文章语言可能包括行话，但是词汇和句子结构通常比较简单。第二，进行劝说类文章以情绪感染力为特点，表达主张见解和论据的语言有时看起来好像是事实，容易使人错判，应该特别注意；反问句的运用，一种不需回答的疑问句，常为说服效果而用；评价性语言，如good/bad、right/wrong、horrifying、wonderful等；判断性语言，如must、should、had better等。第三，主要供人消遣的文章可以各种各样，但这类文章常用简单的句子结构、对话、双关语、比喻性的语言。

十、确定中心思想

阅读理解首先应确定中心思想。中心思想是文章的纲，只有有了这个纲，才能把握文章的基调，并做出正确的判断、推论及结论等。首先阅读时要运用速读或略读方法快速浏览全文或某些关键段落，了解文章大意。其次，运用跳读的方法查找出起概括作用的主题句；运用细读的方法理解主题，把握文章精神实质。最后，如果有些文章或段落没有明确的主题句，而是用一系列事实和细节来表达中心思想，这时学生要根据文章内容或段落提供的信息和上下文关系仔细揣摩作者的意图，即透过现象看本质，领会主旨，提炼概括能力在这时起着重要作用。

第三节　熟悉设题形式，获取准确信息

一、常见的设题形式

阅读理解测试是一种综合的技能测试。试题内容涉猎面广，有文化、历史、科技、风俗习惯、人物传记以及科普知识等方面。它要求学生掌握所读材料的主题思想；了解说明主题思想的细节和事实；理解字面意思，并能根据所读材料进行一定的判断和推理；理解个别句子的意义，并理解上下文的逻辑关系。这一部分也因其在整个试卷中的分量（占试卷总分数的40%）之大而备受学生重视。因此下面除介绍一些基本设题套路，也介绍一些解题方法与技巧。学生了解这些，再做一些模拟试题，从实践中自己再领悟、掌握、运用和发挥这些方法和技巧。

（一）归纳性设题

这类题旨在考查学生如何抓住文章的主要信息和关键问题，归纳段意或理解整篇文章的意思。例如：

A good title for this passage is…

The main thought of this passage is that…

The best title for this passage would be…

What is the main purpose （main idea）of this passage?

解题主要找第一段的主题句（Topic Sentence），然后再看最后一段是否首尾呼应，或将各段的第一句联系起来看。对各段的归纳，设题常是“What’s the main idea （or main purpose） of Paragraph One/ Two...?”这样的问题，除了看段落的首句，还要归纳一些关键词。

【例1】Strange things happen to time when you travel，because the earth is divided into twenty-four time zones，one hour apart. You can have days with more or fewer than twenty-four hours，and weeks with more or fewer than seven days.

If you make a five-day trip across the Atlantic Ocean，your ship enters a different time zone every day. As you enter each zone，the time changes one hour. Traveling west，you set your clock back； traveling east，you set it ahead. Each day of your trip has either twenty-five or twenty-three hours.

If you travel by ship across the Pacific，you cross international date line. By agreement，this is the point where a new day begins. When you cross the line，you change your calendar one full day，backward or forward. Traveling east，today becomes yesterday，traveling west，it is tomorrow!

A proper title for this passage is________.

A. How Strange Things Happen

B. How Time Changes Every Day

C. The Division of Twenty-four Time Zones

D. How Time Flies When You Travel

根据前面所讲，仔细研读主题句（第一句）。它概述了“地球分为二十四个时区，每个时区相隔一小时”。第二段的首句又讲到在大西洋航行每天都要进入不同时区。最后一段的结尾句又与主题句呼应。所以正确答案为C。

（二）推理性设题

此类题主要根据文章的主要信息和提示，考查学生的逻辑推理及判断能力。一般设题：

It can be inferred from the passage that...

The author of this passage is probably...

As for...

He probably...

解题主要找与问题有关的信息词和一些提示或暗示词来进行推理和判断，有时对题的推论超越原文，考生要根据段意和常识来选正确的答案。

【例2】After lunch Diane took her bike and sneaked quietly into the yard.

She moved carefully to the plot of soil under the tree in back of the house as she checked to see that nobody watched her. She leaned，her bicycle against the tree and bent down. All around dark clouds rumbled noisily in the sky，a streak of yellow zigzagged far away，and she trembled. Digging swiftly in the hot earth she made a small hole and in a moment took a wrinkled ten dollar bill from her pocket. After she sipped the money into the ground and covered it，she breathed，deeply and smiled. She was glad that was over！Now no one would find it or know how she got it. Certainly it would be there later when she wanted it.

1. Diane is probably________.

A. a girl of 10 to 14 years old

B. a young mother

C. a child of three or four

D. a sophisticated kid

2. As for the money，Diane probably________.

A. got it as a gift from her mother

B. earned it

C. got it in a suspicious way

D. cheated her classmate out of it

3. This event probably took place________.

A. on a snowy winter afternoon

B. before a summer rainstorm

C. one night in March

D. on a rainy day before a summer holiday

我们根据关键词took her bike and sneaked quietly into...和段落最后一句Diane的想法来判断第1题的答案为A。“She sneaked into the yard...checked to see that nobody watched her.”和“Digging swiftly... slipped the money into the ground. She breathed deeply.”从这些关键词推断出第2题的答案为C。我们从dark clouds、noisily in the sky、a streak of yellow... far away、“Storm was coming”、hot earth...可以推断出是夏天。所以第3题的答案应是B。

（三）含蓄性设题

这样的问题需要深层次理解文章和句子，不能只看文章的字面意思。考生要认真、仔细地阅读，从字里行间领悟其意义。设题一般是“The author of this passage implies or suggests that...”。例如：

When the phone finally rang，Joe leaped from the cadge of his chair and grabbed for it.

这个句子从表面看很简单。但如果我们认真思考，就会通过几个关键词，知道这样一些信息：Finally暗示了Joe可能对电话等了好长时间，所以最终等来时（he leaped and grabbed for the phone）他一跃而起，一下抓住电话筒。他坐在椅子的边缘（edge of the chair），说明了他的焦急和不安。归纳这些信息词，我们又可以推断出这个电话对Joe来说一定是很重要的。

【例3】Most people read short stories. Magazines，newspapers，and books，printed in millions of copies every month，regularly supplies the demand for short fiction. In the United States today the short story is overwhelmingly the most popular of current literature.

Perhaps it is the modern manner of living that insistently demands that all current fiction is to be short. Automobiles，jet planes，telephones，and telegraphs all bow at the alter of speed. And literature shares its place in favor of the crowd with amusements undreamed of a hundred year ago. The time for leisurely reading of ten volume novels appeared to have passed with horse and buggy，and the pony express. The fiction readers demand a literary form that suits their moods and habits. Long introductions，leisurely discourses on philosophy，and detailed descriptive passages become the special joy of a particular kind of reader，whereas the crowd chooses the short story. Small wonder，then，that many writers have turned their talents to the short story.

1. Americans today have less time to spend on reading because they________.

A. work long hours

B. spend most of their time traveling

C. spend a lot of time on the telephone

D. have more diversions from which to choose

2. According to the passage, short stories are popular with the US today primarily because they________.

A. can be purchased on planes

B. are in abundant supply

C. appear in popular magazines and newspapers

D. are well suited a fast pace of living

3. The author of this passage implies that the horse and buggy is no longer popular means of transportation because________.

A. there are fewer horses today

B. it's too long to travel that way

C. automobiles make the streets dangerous for horses

D. it is more expensive than driving a car

4. It can be inferred from the passage that authors might choose to write short stories because the short stories would________.

A. increase the authors' popularity

B. have a wider potential readership

C. earn more money than a novel

D. take less time to write than a novel

5. The reason given in this passage of the popularity of the short story could be used to explain the popularity of________.

A. television

B. the movies

C. the theater

D. the circus

第1题的四个选项文章都没有直接提及。我们从文章的最后一段前两三句的字里行间意思和根据常识进行推理，正确答案为D。这也是上面所讲的第二种设题方式。

第2题根据文章最后一段的主题句（第一句）和所举例子，说明美国人的生活节奏也随着科学技术的发展加快。故答案为D。

第1、2题是对同一个内容进行不同角度的设题，这也是阅读理解试题常见的出题套路。

第3题就是以上讲述的含蓄性设题。作者在叙述短篇故事为什么在美国如此畅销而把读长篇小说比作过去的轻便马车和快马速递，暗示了现代高科学技术的发展，交通工具已不用轻便马车和快马速递了。所以此题答案应选B。

第4题又是第二种设题方式，根据整篇文章的信息是短篇故事读者多，故B为正确答案。

第5题根据全文的中心意思和常识判断，答案为A。

（四）判断词汇能力的设题

这类题考查学生判断生词的能力。针对文章中的某一个单词或词组在文章中是什么意思进行设题。这类生词的含义一般文章中都有提示。学生应仔细琢磨与这类词或词组相关的上下文，或文章中给予提示的or、“——”（破折号）、逗号和that is。这些提示后的解释，往往就是对所考词汇的启示。有时可利用前后对照，比较词或反复出现的词进行猜测。此外，还可以利用一般常识和文章中的有关信息猜字悟意。如：

【例4】The auctioneer asks the crowd assemble in the auction room to make offers or “bids”, for various items on sale. He encourages buyers to bid higher figures, and finally names the highest bidder as the buyer of goods. This is called “knocking down” the goods, for the bidding ends when the auctioneer bands a small hammer on a table at which he stands.

In Line Two, the word “bid” would best be replaced by________.

A. offer of a price

B. making money

C. offer of help

D. talking a chance

从文章中反复出现的offers or bids、to bid higher figures和highest bidder as buyer of goods来判断，也可以根据“拍卖”的常识来判断，答案为A（出价）。

（五）分析作者的身份、写作目的及态度

学生解答这类题，应重点看文章的各段首句和最后一段。注意文章中的一些关键词，特别要细看转折词后面的内容，如but/however/nevertheless等。因为转折词后面的内容才是作者真正要讲述的。设题一般为：

The tone of this essay or author is...

The author tries to make the reader see that...

The main purpose of this passage is...

【例5】The Red Cross is an international organization which cares for people who need help. A man in a Paris hospital who needs blood，a woman in Mexico who was injured in an earthquake，and a family in India that lost their home in a storm may all be aided by the Red Cross.

The Red Cross exists on almost every country around the globe. The World Red Cross organizations are sometimes called the Red Crescent，the Red Mo-gen David，the Sun，and the Red Lion. All of these agencies share a common goal of trying to help people in need.

The idea of forming an organization to help the sick and wounded during a war started with Jean Henri Dunant. In 1859，he observed how people were suffering fron a battlefield in Italy. He wanted to help all the wounded people regardless of which side they were fighting for. The most important result of his work was an international treaty called the Geneva Convention. It protects prisoners of war，the sick and wounded，and other citizens during a war.

The American Red Cross was set up by Clara Barton in 1881. Today the Red Cross in the United States provides a number of services for the public，such as helping people in need，teaching first aid，demonstrating water safety and artificial respiration，and providing blood.

1. Which of the following statements are true according to this passage?

A. The Red Cross is a religious group.

B. The Red Cross is an organization that cares for politics.

C. The Red Cross is an international labor union.

D. The Red Cross is an organization that looks after the sick and wounded people.

2. The author really tries to make the reader see that this organization________.

A. works in many countries

B. costs very little money

C. teaches first aid if necessary

D. runs hospitals in almost every country

第1题从文章的第一段和最后一段看，正确答案应是D。

第2题通过分析作者的写作目的，细心看懂每段首句即可得出正确答案为A。

（六）文章的组织及写作方法的设题

这类题需要学生有较强的阅读能力，看懂文章，边读边分析文章的写作方法，弄清段与段之间的关系。设题一般是文章写给什么样人看的，或文章可能摘自什么报纸杂志。

【例6】All that we really need to plot on the future of our universe is a few good measurements. This does not mean that we can sit down today，and outline the future course of the universe with anything like the certainty. There are still too many things we do not know about the way the universe is put together. But we do know exactly what information we need to fill in our knowledge，and we have a pretty good idea of how to go about getting it.

Perhaps the best way to think of our present situation is to imagine a train coming into a switch yard. All the switches are set before the train arrives，so that its path is completely determined. Some switches we can see，others we cannot. There is no ambiguity if we can see the setting of a switch； we can say with confidence that some possible futures will not come true and others will. At the unseen switches. However，there is no such certainty. We know the train will take one of the tracks leading on，but we have no idea which one. The unseen switches are the true decision points in the future，and what happens when we arrive at them determines the entire subsequent course of events.

When we think about the future of the universe，we can see our “track” many billions of years into the future, but after there are decision points 10 be dealt with and possible fates to consider. The goal of science is to reduce the ambiguity at the decision points and find the true road that will follow.

1. According to the passage, it is difficult to be certain about the distant future of the universe because we________.

A. have too many conflicting theories

B. do not have enough funds to continue our research

C. are not sure how the universe is put together

D. have focused our investigations on the moon and planets

2. What does the author see as the function of the universe's unseen "switches"?

A. They tell us which one of the tracks the universe will use.

B. They enable us to alter the course of the universe.

C. They give us information about the lunar surface.

D. They determine which course the universe will take in the future.

3. In line 20, the word "track" could best be replaced by________.

A. band

B. rails

C. path

D. sequence

4. For whom is the author probably writing this passage?

A. Train engineers.

B. General audience.

C. Professors of statistics.

D. Young children.

5. Which of the following statements best describe the organization of the passage?

A. A statement illustrated by an analogy.

B. A hypothesis supported by documentation.

C. A comparison of two contrasting theories.

D. A critical analysis of a common assumption

第1题根据第一段第二句判断答案为C。这属于考fact或句型转换。第2题是归纳性设题，归纳第二段和第三段信息词和段意，也可用排除法选答案为D。第3题是词汇判断，应选C。第4和第5题都是分析写作方法和文章的组织结构。根据一般常识可知国内的英语文章和报刊都是写给普通读者看的，文章一般都摘自科普文章，所以第4题选B。根据文章的组织结构和写作方法，第一段提出论点，第二段用类推方法进行论述，故第5题选A。

（七）对文章中的长句、难句进行设题

阅读理解有时对文章中一些长难句进行设题，如一个短句，后跟几个逗号或破折号，或几个从句。这些逗号或破折号后面的句子常常是对前面短句进行说明、解释。要抓住短句中的主语，仔细研读。

【例7】About a fourth of the American rice crop is grown in California. Arkansas，with slightly more than twice as many acres being cultivated as Californian，harvests not quite 60 percent more rice than California and is the country's largest producer. The other major rice growing states is Texas，Louisiana and Mississippi.

Rice was introduced into North America at least as early as 1609 and became established as a crop in South Carolina by 1609. Until about 1890 it was grown mainly in the southeastern states. The production of rice was established in Louisiana by 1888，and it soon spread to Texas，Arkansas and California. Following experimental plantings in the Sacramento Valley in 1909，rice became a commercial crop in the area about 1912.

In California rice culture is largely confined basins of the Sacramento and San Joaquin Valleys. Here dense clay soils with the layers that allow nothing to pass through largely preventing the downward passage of water. Therefore in these areas it is easy to keep the rice crop continuously flooded during the growing season with minimum water loss and maximum production efficiency.

The Sacramento Valley climate which is free from very high or very low temperatures is nearly ideal for rice production. An abundant sunshine combined with low humidity and warm day and night contribute much to the region's high production.

1. North America has a history of rice growing of________.

A. about 200 years

B. nearly 400 years

C. almost 300 years

D. less than 100 years

2. Where was rice first grown in North America?

A. Arkansas

B. Louisiana

C. South Carolina

D. California

3. The Sacramento Valley is located in________.

A. Louisiana

B. Texas

C. Arkansas

D. California

4. The Sacramento Valley has become an important rice growing area because________.

A. it has good water resources

B. its soil is fertile

C. both the soil and climate are good

D. there is abundant sunshine

5. According to the author，California________.

A. has a much higher per acre yields than Arkansas

B. is the largest U. S. rice producer

C. produces more rice than Arkansas

D. is the fourth among the rice growing states

文章的第二段设了两道题。第1题的答案为C，第2题的答案为 B，都是对事实进行设题。根据第二段倒数第二句和第三段的第一句理解，第3题的答案为D。归纳第三段和第四段的段意即可选出第4 题的答案为C。第5题要仔细认真地思考阅读第一段第二句“Arkansas，with… harvest… than…”这个长难句子。不管Arkansas后面有几个逗号，找出句子的主语是Arkansas（后面逗号中的内容是对Arkansas与California的对比进行说明和解释），和谓语动词harvest及并列的系动词is就排除了选项B、C。根据文章的第一句“About a fourth …”（四分之一），排除选项D。“is the fourth…”（是第四名….），所以第5题正确答案为A。这也是根据第4题的答案“both the soil and climate are good”来判断California的水稻产量要比Arkansas多得多。第4题和第5题又是对文章的主要信息进行了不同角度的设题。

阅读理解常考的题型还有判断正误题，如“Which of the following is Not True（or True）according to the passage?”解答这类题时要细心，这类题往往设在文章中一些不引人注意的细节上。有时是为了测试考生对文章大意的理解，如例5中的第1题。

二、命题点分析

（一）在转折处和对比处命题

文章中出现however、but、whereas、yet、at the same time、nevertheless、nonetheless等表示转折意义的连词或副词时，就是考试应注意的地方，此处可能是后面考题的出处。这里需要补充说明几点：

（1）有以下几个词常被我们忽略，实际上它们表达的是标准的转折语气：indeed、in fact、virtually、practically、actually。

（2）still、however、though是阅读中引起转折的最常用词，命题者最易据此命题，需倍加注意。

（3）but和yet并非一出现就很重要，因为它们是英美人说话的口头禅，如同中国人说话总带着“不过”“然而”“可是”。

以下两种情况需要警觉：

（1）带有转折意义的词出现在段首，说明该段与前一段或前几段的内容截然不同，会有重大转折。

（2）若这类词出现在某种理论或想象描述之后，则作者是要抛砖引玉，前述内容都是铺垫，作者真正强调、阐明的是其后的内容。

与此同理，文章中形成对比的地方也常常是试题出处。对比的信号词有however、unlike、but、until、instead等。对比的关系主要有以下两种：

（1）普通对比，如“A，unlike B”“C，in contrast to D，is...”等。

（2）时间状语对比：在一篇文章开始或一个理论刚刚提出的时候，如果出现了时间状语，则该注意，如now、nowadays、current ideas...和过去形成对比；once、until recently、past...和现在形成对比。如果给了一个不早不晚的明确时间，如in 1940’s，那么和此时间之前或之后进行比较都有可能。

（二）在举例处命题

提示举例子的信号词有as、such as、for example、for instance等。根据例子来设计的考题题型通常为“推断题”和“细节辨认题”。

（三）根据数字（包括年代、日期、时间等）命题

一篇文章中可能会出现几个数字（包括年代、日期、时间等），每个数字对应一个内容（事件），学生在考试过程中很容易张冠李戴。因此，命题者也常根据文章中的数字设计考题。这类考题一般有如下考法。

1. 对号入座型

文章中出现几个数字（包括年代、日期、时间等），每个数字对应一个内容（事件），要求学生分清某事物对应的数字或某数字对应的内容（事件），我们可以将其称为“对号入座型”题目，属于细节辨认题。这种考法比较简单，中高级阅读理解考试题中出现得比较少。

2. 推理型

要求学生进行运算推理。这种类型的题目相对前一种难一点。

（四）在定义处命题

文章中有时对某一个新的、不易理解的或容易混淆的难词、概念进行解释或下定义。定义往往成为题目的出处。下定义的方式多种多样，常见如下：

（1）插入语，如that is、is defined as等。

（2）同位语，夹在两个逗号之间并对其前的名词进行解释的单词、短语或句子。

（3）用破折号表示解释或说明。

（4）平行结构A and B或A or B。

（五）针对结论内容命题

很多文章都涉及一些调查或实验，这些调查或实验的结果、结论常常成为考点，因此一定要注意find、show、reveal、conclude等动词引导的宾语从句。此外，thus等表示结论的词语也要加以注意。

我们可以利用上面所介绍的试题命题点作为阅读的路标，确定阅读重点，并且在做题时借助于这些路标迅速找到试题选项的出处。因此，培养对于考点的敏感性，摸索归纳出题规律，那么十有八九考题就会在预料之中。

三、选项分析

（一）选项特点

阅读理解每道题中有四个选项，只有一个是正确答案，而其余三个选项均为干扰项。那么，这四个选项是如何设计出来的呢？通过分析不难发现，干扰项正是命题者设下的陷阱圈套，其目的恰恰是利用学生的错误联想、词义不清、理解肤浅等弱点，误导学生的判断力，使其一步步跌入陷阱，误入歧途。因此，识破题设陷阱，不被干扰项迷惑是问题的关键。那么，干扰项都用了哪些办法来误导学生呢？

1. 声东击西型

在各种干扰项中，该设题方法用得最多，即文章所论的是此内容，而题目所问的是文中出现但次要的彼内容，或者根本就是无中生有编造出来的相似内容，构成干扰项。

2. 断章取义型

命题人常常利用学生对语篇中的意义的判断失误编写干扰项。此类干扰项具有很强的欺骗性。

3. 鱼目混珠型

“鱼目混珠”是指用貌似相同的句子来代替正确的命题。命题者正是利用学生时间紧，将干扰项设计成与原文句子结构及词汇几乎一模一样的形式，从而造成歧义。这种干扰项让人防不胜防。此类干扰项带有很大的迷惑性。

4. 张冠李戴型

“张冠李戴”的含义就是将本属于某一事物的东西转嫁到另一事物上。采用此方法设计的干扰项其实也是故意颠倒信息关系的又一体现。

5. 画蛇添足型

众所周知，“画蛇添足”的含义就是“多此一举”。命题者把它用于试题中的目的也是干扰学生的判断。此类型的选项是针对文章中的一段话、某个概念或者是全文进行解释说明或归纳总结（以细节题和主旨题居多），其正确答案应是解释恰如其分、归纳准确合理。而干扰项则因为添加了无用的成分而解释过多，归纳过头，或者由于省略了有用的部分而解释不够，归纳不全。总之，此类干扰项是不该加的加了上去，不该省的反而省掉了。

6. 逻辑混乱型

阅读试题中的此类干扰项比比皆是，原文的句子关系被打乱，表现形式为主次不分、因果混淆，造成理解的难度大。有时题目问的是某一问题的主要方面，而干扰项给出的是次要方面；有时提问的是原因，而干扰项则将原因和结果混淆在一起，令人左右为难，难以决定。此类干扰项多出于推论题和细节判断题中，学生必须仔细斟酌方能分清主次、明辨因果。

（二）破解选项方法

面对时间紧、题量大、文章难、选项干扰性强的重重困难，我们只有掌握正确的解题方法，排除干扰，才能克敌制胜。

（1）在所有题目中，凡是选项中带有相对性词汇的，如more、some、many、relatively、possibly、appear、similar等，一般为正确答案；凡是带有绝对性词汇的，如no、none、only、sole、every、absolutely、totally、never等，通常为干扰项，应排除。

（2）应对声东击西的选项，一定要根据文中的信息正确加工、合理联想，切忌只根据常识想当然地进行主观臆断，干扰项本身可能语义与短文相符但不一定是问题所问。

（3）应对断章取义的选项，注意此类选项通常利用的是文章中模棱两可、似是而非的信息，因此学生对文章中这种潜在的信息要提高警惕，有意识地注意整体把握文章中心思想和逻辑结构。

（4）应对鱼目混珠型选项，应该注意的是，如果选项的结构和用词与原文相似，要特别留意其中有无被调换的部分，因为往往是失之毫厘，差之千里。

（5）应对画蛇添足型选项，要注意比较选项间的差异，运用类比法和排除法，选定解释恰如其分、归纳准确合理的选项，而排除解释不够或归纳不全，解释过多或归纳过分的选项。

四、题型分析

（一）主旨大意题

每篇文章都有一个主旨，主旨是所有段的中心。实际上，不管是否问及主旨，学生在阅读中都必须把握文章的主旨，这是做好推理题和其他细节题的基础。主旨题的问法有几个类型：

1. The main point /idea/ theme of the passage is...

2. A good title for this passage would be... / Which of the following is the best title for the passage?

3. The passage mainly talks about（describes，discusses，explains，argues，focuses on，deals with）.

要抓住主旨，须从文章结构入手。阅读文章一般出现记叙、议论、说明三种体裁，每种体裁的叙述都有较为固定的模式，而每种模式中又携带固定的出题点。抓住结构的关键在于找到各段的主题句，各段主题句的位置一般在开头或结尾。各主题句的联结便形成全文的主旨。因此，每读完一段后要停留3～5秒，对该段的中心思想以及各段之间的联系稍做思考，弄清段与段之间的关系，此点对后面做题时回原文定位有很大帮助，因此非常重要。

（二）判断是非题

这种题型主要测试学生是否对文章有精确而全面的把握。其问法有三个类型：

1. Which of the following statement is NOT true?

2. The author mentions all of the items listed below EXCEPT________.

3. From the passage we learn...

这类题的难度走了两个极端。一是这类题较容易，它和原文的列举项相对应，学生在读原文有列举时，可快速看一眼问题中有没有NOT和EXCEPT，如有，则对该列举特别做记号。

是非题型中另一部分则走了难题的极端。有些题，四个选项分别来自原文的不同部分，每个选项都经过改写，要找出哪个是原文正确的改写，则必须从A开始，逐个回原文找相关信息进行排除，这种做法很浪费时间，但实事求是地说，这种题只能这么做。

（三）词义理解题

这类题固然要求学生要有较大的词汇量，但着重点不在于考查学生的词汇量，而在于考查学生根据上下文推测文中生词词义以及代词的指代。

词汇理解题题干表现形式有：

1. Which of the following pairs are synonyms?

2. The word "..." be supposed to make one think...

3. By saying that "...", the authors /writer（somebody）means...

4. What does the word "..." refer to?

这种题型有以下几种解题技巧：

（1）释义。特别注意的是被考查的单词后面如果有同位语、破折号和括号时，这时就更容易判断了，因为这些单词、句子本身就是对这个词的解释。

（2）举例。有时运用上下文所举的例子可知其意。

（3）构词法。有些词可以通过前缀、后缀，合成等形式来判断其意思。

（四）单句释义题

单句释义题主要考查学生能否根据文章上下文或文章主题来正确理解某一句子。这类句子通常有以下特点：

（1）与文章主题密切相关。

（2）相对于文中其他句子而言，语言难度大，不容易理解。

（3）有时为多义句，可以从不同角度来理解，但是文中意思必须根据上下文来判定，这也是其难点所在。

单句释义型试题的问法有三种：

1. The sentence/ statement "..."（Line...）probably means that...

2. What does the sentence "..." imply?

3. Which of the following is closest in meaning to the sentence "..."?

（五）推理题

推理题是阅读中难度最大的题型。推理判断题还可以细分为句子推理和篇章推理两种。句子推理是针对文章某一个具体内容的多个细节进行推理，这些内容通常在文章、段落、句子某处的涉及转折、复杂句或内容细节处；篇章推理考查基于对语篇整体理解进行推理判断的能力，它要求根据隐藏在文章字里行间的线索推断上下文论述的主题，推理的内容与段落或整个篇章的主旨相关。

推理型问题题干的表现形式有如下：

1. The author seems to be in favor of/ against...
2. We can infer/ assume that...
3. The passage suggests/ implied that...
4. The author of the passage would most likely imply/ suggest...
5. The author may probably agree with...
6. The tone of this passage is...
7. The author appears to feel that...
8. The author's point of view，purpose，and attitude is...
9. The paragraph that follows the passage might discuss...
10. What do we learn from the last paragraph?

（六）观点态度题

观点态度题考查学生总结归纳文章细节，领会作者的态度观点、情感倾向，往往涉及文章的主题思想，应对表示观点态度的修饰词有所了解。

1. 褒义词

positive（肯定的、积极的）

sympathetic（同情的）

pleasant（令人愉快的）

approval（赞同的）

supporting（支持的）

informative（提供信息的）

praising（赞扬的）

instructive（启发性的）

optimistic（乐观的）

humorous（幽默的）

admiring（羡慕的）

sober（冷静的）

enthusiastic（热情的）

interesting（有趣的）

serious（严肃的）

polite（礼貌的）

concerned（关切的） useful（有用的）

2. 贬义词

critical（批评的，苛刻的） negative（否定的）

pessimistic（悲观的） tolerant（容忍的）

subjective（主观的） worried（忧虑的）

doubtful（怀疑的） questioning（质疑的）

ironic（讽刺的） disgusted（厌恶的）

sarcastic（挖苦的） disappointed（失望的）

suspicious（怀疑的） cynical（玩世不恭的）

bitter（痛苦的） emotional（激动的）

sentimental（感伤的） depressed（沮丧的）

angry（生气的） dissatisfied（不满意的）

3. 中性词

indifferent（冷漠的） impassive（无动于衷的）

apathetic（漠不关心的） impartial（不偏袒的）

neutral（中立的） puzzled（困惑的、迷惑的）

detached（超然的） unbiased（不偏袒的）

impersonal（不带个人感情的） objective（客观的）

ambivalent（矛盾的） cautious（小心的、谨慎的）

uninterested（无兴趣的）

观点态度题题干的表现形式如下：

（1）The author's attitude...is...?

（2）What's the authors（overall）attitude toward...?

（3）The mood of the passage is...?

（4）What's the tone of the passage?

（5）The authors' attitude towards...might be summarized one of...?

（七）细节定位题

细节定位题是仔细阅读理解考查的基本考题。常见的提问方式如下：

1. According to the passage，all of the following are true except...?

2. According to the passage，when / where/ what/ who/ how/ why...?

3. The reason for…is...?

4. The author states that...?

五、阅读理解实践

（一）选词填空阅读

1. 命题特点

在阅读理解的三个题型中，这一部分对语言考查的综合性较强，涉及词法、句法、上下文语境联系；要求从15个备选词中选出10个恰当的词填空。

2. 解题步骤

解题步骤具体如下：

（1）通读全文。通读全文是用较快的速度浏览文章，基本每行都读到，目的是把握至少90%的文章内容，知道文章主要涉及的人物、事件、时间、地点，或现象、举例，或结果和原因等。文章后面备选项词义互不关联，所以学生最好不要先看选项，以免打乱思路。

（2）整理选项。所给的单词一般都是考试的高频词汇，但可能有一两个词学生觉得不太熟悉，但是可以通过平时学到的词汇知识加以解决。单词的词性依靠平时的积累，大部分单词的词尾或后缀可以提示词性。需要判别词性的主要目的是将单词放置在合适的句子成分位置上。

（二）长篇阅读理解

1. 命题特点

这一部分考查学生面对大量信息时迅速找到所需信息的能力。掌握不同题材选文的篇章结构特点，在篇章的层次上判断一篇文章重要的段落在哪儿，跳过不重要的段落；在句子的层面上分清主次，哪部分重要，哪些应该略过。

2. 解题策略

（1）构建作者思路图。逐段阅读，搞清各个段落的目的是什么，主题和中心思想又是什么，该段落与其前面的段落是什么关系，该段落在整个文章中起什么作用。着重阅读各段的主题句，快速浏览其余部分。当“读”完这篇文章时，应能对文章的结构思路有总体的把握，在脑中形成一个作者的思路结构图归纳总结文章大意。

（2）按图索骥去定位。阅读每个statement，找出关键词、特殊词汇（如一些表示时间的年份月份数字、专有名词、同根词、同义词、反义词等），定位到相应段落；读懂题干意思，找出题目中最中心的词或者短句；将其定位到文章中具体某个段落甚至某个句子中去。有时题干是对原文某些内容的一个概括。

（三）深度阅读理解

1. 命题特点

这一部分要求学生仔细阅读两篇短文，根据文章的内容从每题四个选择项中选出一个最佳答案。学生平时应适当拓宽阅读范围，尤其在备考时浏览这类外国主流网站，或在图书馆借阅相关书籍，熟悉英语国家的表达习惯及文章的逻辑思维。在深度阅读这种占分比较大的部分，经济类文章几乎年年出现，其余的诸如教育类题材或时下热门话题，最终也会因有经济影响被提到，因此学生不妨多接触经济、教育题材，并积累相关的词汇。阅读的题型虽然有所改变，但难度并没有上升，因为文章话题都是学生所熟悉的、当前发生的，文章语言难度也不高，没有出现很多超纲词汇。

2. 解题步骤

在答题时，不管是回答事实细节题、主旨大意题、单句释义题、正误判断题还是推理判断题，都要注意一个理解原则——符合中心思想的选项是答案，仅凭印象不可取。这里介绍两种普遍采用的步骤，学生可根据个人情况选择。

（1）阅读原文—理解题干—文中定位。先快速通读全文，找到各段主题句，抓住文章主旨大意和篇章层次结构，判断段与段的关系、句与句的联系；然后开始看题，比较选项差异，依照考点返回原文定位。定位时采用扫描式阅读找到相关目标内容。这种方法比较稳妥，也被大部分学生采用。

（2）阅读题干—原文定位。先直接去读问题，带着考点去读原文。这样就先确定了阅读的目标信息与查找方向，与考点无关内容可以不看，节省时间。但这种方法对学生各方面的要求都较高：较大词汇量不致影响理解，较大阅读量的练习积淀，已熟悉各种篇章结构和出题意图。其缺点是由于没有整体把握，不宜解答主旨大意题和关系相对复杂的推理判断题。只要把握好心态，有条不紊，就应该能够在阅读部分取得自己预期的成绩。

第四节　强化阅读兴趣，健康阅读心理

一、聚焦阅读素养，优化阅读作业设计

在英语基础课程的学习中，学校应紧抓学生的核心素养，而阅读素养是其中非常重要的部分。选择阅读作业设计作为提升核心素养的切入点，主要基于以下方面的考虑：首先，阅读作业能够引导学生更好地掌握和运用语言技能、语言知识，并提升学生的语言能力；其次，长期以来，在英语课程中英语作业总量过大，缺乏量的控制；再次，英语作业质量不高，缺乏质的研究；最后，英语作业结构不合理，缺乏对形式和情境的设计。

在英语阅读作业设计中，学校英语阅读教学主要应从以下几个方面进行。

第一，参照核心素养。核心素养中重要的一个部分就是阅读素养，阅读素养对于英语的学习提出了更为高层次的目标，即学生在完成高中三年的英语学习后，英语水平达到国家课程标准要求，同时阅读素养能够体现学校的培养成果，即在阅读量和阅读能力方面达到更高的水准。然而，当前现有的阅读材料和阅读课时量远不能满足更高层次的要求。因此，提升学生英语阅读量成为英语教学的重点。

第二，寻找阅读素材，建立分年级阅读作业素材库。依据核心素养的基本要求，英语教学围绕牛津教材高一至高三的教材各单元主题寻找相关阅读素材，并根据学生的阅读水平设计阅读作业，以满足不同层次的学生对于阅读素养和能力培养的要求。高一至高三年级分年级阅读作业素材库的建立，不仅与所用教材的话题相匹配，更配之以与中外传统节日、文化、科技、生活、经济相关联的阅读素材，旨在培养学生自主的阅读习惯，逐步将阅读融为生活中的

一部分。

第三，设计阅读作业。在阅读作业的设计策略中，主要从以下几个方面进行：

（1）阅读素材的选择：注意素材多样性，注意篇幅的合理性，注意素材的多元化、逻辑性。

（2）阅读词汇的积累：介绍词汇积累的范围和词汇积累的方法，引导学生形成自己的词汇记忆法。

（3）阅读问题的设置：帮助学生理解多元化的问题类型和层层递进的问题设置，引导学生相互设置问题并回答。

有些学校的英语阅读作业设计体现了开放、灵活、自主的特点。与传统的封闭的作业不同，分层设计的阅读作业内容更为多样化、丰富多彩，涉及英美文化的各个方面。同时，教师在选择作业时可以结合学生学习的实际情况，循序渐进、因材施教，为学生提供个性化的作业方案。学生也通过自主探究完成作业，转变学习态度，提升学习兴趣。通过教材主题所选素材编制的阅读作业，有针对性地提升了学生捕捉信息的能力、理解能力、思维能力和运用能力。这些与生活息息相关的主题，也恰好能为学生提供语言作为交流工具所必需的一些基本信息。

第四，教学和评价中的整合与运用。英语学习中，阅读能力的培养是直接影响学生英语综合能力的关键。在培养策略方面，学校以往是以测试题形式考查学生是否理解一篇英语素材，缺少真正对阅读素材的引导性阅读。如今学校用与时俱进的课外阅读素材配合创新合理的阅读作业，加强对学生课外阅读的指导性，实现学生展示自我阅读能力探索的新途径。同时，对评价体系也进行了创新。在评价机制中，引入国家课程层面和学校分年级、分层次目标的评价标准。在新的实践阶段，以重视学生积累与再创造的阅读竞赛形式取代较单一的答案唯一性的阅读测试的评价体系，设法让以学生为本的开放式阅读评价体系代替传统的命题方法。

英语作业必须给学生提供大量进行自主学习和发挥的空间以及语言实践与运用的机会。根据教学要求，当前的阅读量仅靠学习教材中的几篇文章、课堂40分钟的语言教学时间和一周中数量有限的几篇阅读理解是远远不够的。因此，英语作业布置不仅应体现在对课堂内容的理解和消化上，还应在扩大语言的实践运用量上有所改进，在激活学生的自主学习和探究意识上动脑筋，最大限度地创造条件来扩大高中生接触英语的范围。

二、关切迁移体验，引领学生创演课本剧

除了打破常规的一些书面阅读作业的尝试之外，教学还可以从试点的英语戏剧拓展课程中获得灵感：立足于学校核心素养对英语学科的要求，在原有的课内、课外拓展阅读的基础上，充分挖掘教材和补充阅读，结合英语学科的特点和阅读思考的空间，优选叙事篇目，引导学生进行戏剧表演。

第一，精选叙事性强的课文作为剧本。这些课文都具有生动形象、故事情节丰富、内涵深刻、语言难度适中的特点。主要选择高一、高二两个年级为试点，是由于初中强调的是语音语调的模仿，让初中学生尽快适应高中的学习并养成良好的英语学习习惯，所以在初中课堂上、作业中，更多地侧重模仿，模仿对话，模仿真实情境中的应答等。而对于高一、高二年级的课本剧素材的选择，则侧重的是提炼、揣摩、再创作和表演，要求相较于初中有明显的提高。

第二，落实课本剧的创编与指导。戏剧本身所特有的娱乐性和趣味性是激发学生学习兴趣的主要因素之一。原来阅读教学授课方式单一，学生读完文章后对于文章的理解程度的检测仅限于读后练习检测。语言能力在语言输入后通过阅读练习的检测其实并没有得到提升，还是停留在对文本的简单理解上，并没有语言的输出过程。学生不是被动的信息接收者，通过戏剧表演参与整个学习过程，学生才能努力地实现自己的意义。在学习和创编过程中，教师利用4～5个课时安排学生阅读一个英语原版故事，利用一个课时指导排练，再进行一个课时的分组表演。每个学生在对文本有了更深的理解后，根据人物性格、故事发展需要重新调整剧情，编写台词。如此，学生对语言的学习已经不仅仅是停留在文字的简单输入上，而是利用已经输入的信息在创编排练中不着痕迹地完成了一次语言输出，学习效能大大提高。

三、建构体验运用，建立英语戏剧短课程

在课本剧的基础上，学校英语教学进一步将戏剧课、阅读课和外教课结合在一起，开发更具综合育人价值的英语戏剧短课程。已有研究指出，戏剧编演

对高中生的英语学习有着积极的影响：激发学习兴趣，变被动为主动；促进合作学习，共同进步提高；加强语言实践，提高运用能力；增加语言输入，丰富词汇积累；培养发散思维，力求锐意创新。还有研究者指出，英语戏剧表演能够有效地提升学生跨文化交际的水平。

英语戏剧表演的实践教学是一种基于构建主义教学理论的教学实践活动。英语戏剧在课堂中的使用不仅是以文字的形式为学生提供欣赏和阅读的文本，还是训练学生英语语言能力，培养学生英语交际能力，提高学生人文素养，使学生了解和感受英语国家社会与文化的有效手段。我们认为戏剧短课程就是对这四大要素进行最好的结合。

第一，精选经典故事。英语戏剧短课程从2012年初尝试，到现在已经形成较为成熟的体系。英语组基于几方面的原因选择其作为剧本。首先，这些故事流传度广，学生对故事情节比较熟悉，容易对这些故事产生共鸣。其次，这些篇目的语言难度适中，学生在表达上没有特别大的困难，便于剧本的排演。这些篇目的选择也照顾到了学生的认知能力，选择的时候由简到难。同时，这些篇目因其版本众多，可以很容易获取有关的视频和文本资料，有助于学生理解剧目。再次，这些篇目具有一定的教育意义和教育价值，不仅从语言学习的层面对学生有所帮助，从文化的层面也对学生有所启迪。最后，这些话剧排演活动调动了学生学习英语的热情，在模拟现实生活的语言情境中，给学生提供一个语言学习和表达的机会。

第二，创编剧本。每组中学习能力强的学生与学习能力相对较弱的同学搭配，这样为了表演成功，组员们就会相互学习、相互帮助。他们会互相督促仔细阅读并熟悉每周的阅读资料。学生要对剧中角色进行分配，并自己根据情节编写剧本。编写剧本的过程其实检验了学生对阅读文本的理解，学生利用文本中的词汇和已有知识与词汇共同合作编写剧本。在剧本创作过程中，外教会适时给予帮助。这一过程给学生提供了创作的角度，鼓励学生进行开放式、探索式学习方法。它是一种自我选择模式的交际活动，学生的创造力与想象力在这一过程中得到激发。学生利用已有的阅读材料，通过自己学习和与他人协作，把已有的知识与新获得的知识相结合，生产、输出符合人物性格特征的对话和台词。戏剧表演通过台词和表演来塑造人物形象，表现人物性格。舞台就是一个小社会，在英语语言环境严重缺乏的情况下，戏剧为语言提供了情境。戏剧语言——对白中的语言并不是为机械地操练某个语言点而设计的，戏剧表演也是学生语言综合能力的应用过程。剧本和对白的创编过程其实就是将已学词汇、句型结构、语法知识、文化常识有机结合的过程，是一个语言输出的真实的、完整的过程。戏剧对白语言是真正接近日常生活的、以交流为目的的语言，是对日常交流对话的浓缩，为真实生活中使用语言创造了良好的情境。

学生在语言输入之后，利用剧本的编写进行了语言的第一次输出并进行排练。在选择故事的时候，可以选择比较短小的故事，这样学生在改写剧本和排练时，能有充足的时间，同时也照顾到高中生对文本的处理能力。学生通过准备道具，选择适合的配乐和使用PPT设置表演场景，发掘了学生的潜力和创造力，锻炼了学生的综合能力。

第六章

基于核心素养的高中英语阅读教学探索研究

第一节　高中英语阅读教学中人文素质的培养

在英语阅读教学中培养学生的人文素质，不仅是学科自身改革和发展的需要，也是实现教育价值的需要。因此，培养中学生正确的人生观，形成良好的人文素质，具有十分重要和特殊的意义。

在高中英语学习过程中，学生磨炼意志、陶冶情操、开阔视野、丰富人生阅历、培养思维能力、个性发展和提高人文素养的过程，真正实现文化素养的提升，在高中英语教学过程中应遵循一些基本思路。

一、强化对文化知识背景的理解

许多版本的教科书涵盖中国和外国的历史、地理、风土人情、传统习俗、生活方式、文学艺术和价值观。研究和比较中国和外国的文化不仅可以帮助学生学习英语，积累文化知识，培养跨文化意识和形成跨文化交际能力，也使学生更深入地理解文化的异同，在培养爱国主义精神的基础上，使学生对自己国家的文化有深刻的认识和了解，树立正确的人生观和世界观，从而具有良好的思想道德修养和人格修养，提高文化素养。

二、加大对教学素材的挖掘

英语教师在传授英语知识、培养学生英语运用能力的教学活动中，要自然地渗透人文思想教育，完成对学生思想道德教育的重要任务。教师要根据教材的特点和学生的实际情况，把教材中蕴含的知识点挖掘出来，融入教学之中。

以叙述英雄杨利伟的文章为例，教师在教授教材的课文时，可以将其他版本教材的文章印刷发给学生进行泛读，同时比较叙述上的异同，加深学生对英雄人物的理解。通过这种方式，学生自然会思考为什么多个版本包含这样的主题。

三、促进师生关系的融洽

课堂教学是开展人文素质教育的主要渠道。建立新型师生关系，创设充分民主的课堂教学模式，从而拓展教师在其中发挥主导作用的人文素质教育的时间和空间。因此，每一位英语教师先要摆脱“教师尊严”的权威，俯下身倾听孩子的声音，从英语阅读教学的指挥者转变为参与者，成为学生的合作者。

第二节　高中英语阅读教学中人文资源的开发

在对学生进行人文素质教育，提高学生的人文素质的过程中，我们必须重视开发和挖掘人文素质的教育资源，这是确保人文素质教育在高中可以实现的重要基础。

一、英语文本资源的开发

人文素质对人的发展起着基础性作用，对学生各方面素质的形成和发展有着强大的渗透力和影响力。

（一）利用文本资源加强对学生意志品质的训练

在英语阅读教学过程中，教师要通过“晓之以理”来端正学生的学习态度，培养学生刻苦学习的精神和高尚情操；通过“动之以情”激发学生的学习热情，促进学生的求知欲；通过“导之以学”教给学生科学的学习方法；通过“助之以成”促进学生掌握运用所学知识的能力，帮助学生树立决心、信心和毅力，克服学习中的困难和挫折，走向成功。例如，在牛津教材高三（补充阅读）Last leaf中，作者欧亨利描述了女主人在老艺术家和同行的鼓励下与疾病做斗争的过程，以及她对生命的感知。教师让学生阅读、品味、讨论文章的重要段落，让学生表达自己的观点，深刻理解内涵，进一步提升学生的理解力和情感体验。这就是文本的魅力所在。又如，JEFC教材第二册Unit 19 a visit to an island，介绍了孩子们到岛上观光和野餐的冒险经历；JEFC教材第三册Unit 2 Lesson 8 Part 3 Youngest Swimmer to cross Channel，讲述了12岁的学生李立达跨越海南和大陆之间的鸿沟的故事；Unit 7 Lesson 26 Part2中The man who never give up，爱迪生的成功来自他的坚持不懈。通过教材的学习，学生的思想素质和学习方式有了很大的提高。

（二）利用文本资源培养学生对人与自然的深刻理解

在英语阅读教学过程中，教师要特别关注当代人类共同关心的问题，如环境保护、生态平衡等，这些富有时代气息的材料不仅能教给学生科普知识，同时也激发了他们对人类社会发展的责任感和义务感。牛津教科书第四卷题为“Helping the Environment”的课文向读者介绍了冰箱和空调对臭氧层的破坏，并向学生传达了保护环境的信息。在教学过程中，教师可以结合自己的认知和理解，引导学生分组讨论，要求学生列出尽可能多的拯救环境的方法。学生讨论后，教师可以播放与课程主题相关的视频文件，进一步增强学生的环保意识。

二、网络教育资源的开发

与传统教育资源相比，网络资源最大的优势是资源的丰富性和便捷性。教师在教学中从“教教材”转变为“用教材”，自由度的增加，使教师不必仅仅依赖教科书和教学参考资料，而是可以运用先进的教学理念，在网络上寻找更合适的教学资源，运用合适的教学方法，取得更好的教学效果。例如，介绍中国传统文化，教师可以关注电视节目片段，展示相应的图片，或者使用学者论文等书面材料。学生在民族文化的诸多方面都能自发地感受到民族文化的魅力。长此以往，学生自然会理解传统、认可传统、继承传统，效果远好于平淡说教。在真实的教育教学活动中，每位英语教师都有自己的、学习专用的视听材料，可以再加工为辅助材料，让学生在听、说、读的课堂上激活背景知识。在英语阅读教学中，教师应积极利用现代信息技术作为英语阅读教学资源的载体，实现现代信息技术与英语阅读教学的融合，实现“资源共享”。

第三节　高中英语阅读教学中教师人文素养的提升

以培养学生人文素质为核心的高中英语个性化教学，从其发展机制来看，本质上是一场教育教学改革。要充分重视高中英语教师的素质，特别是人文素质，构建以学生人文素质培养为导向的高中英语阅读教学个性化保障体系。

一、高中英语教师人文素养的内涵与意义

教师是教育的基础。发展教育最重要的目的是提高全民素质，培养适应未来社会生活的具有创新能力和创新精神的人才，促进我国现代化进程。在反思学生的素质及其培养方法时，首先要反思作为教育基础的高中英语教师的素质，尤其是高中英语教师的整体素质。在高中英语教师的各项素质中，人文素质是近年来非常重要的一个领域。提高高中英语教师的人文素质已成为教师教育和教师专业发展过程中的一个重要课题。

加强高中英语教师的人文素质，既是教育改革与发展的理性呼唤，也是我国经济社会转型与发展过程中应对各种问题的必然选择。在一些相关课题的实际研究中，许多作者也反映了教师人文素质在人文知识、人文品格、人文价值等方面的缺失，为提高高中英语教师的人文素质发出了强烈的呼声。

（一）高中英语教师人文素养的内涵及构成

人文精神一般是指本着对人的关怀、对人的心态的文化关怀。高中英语教师人文素质的发展和提高，主要取决于教师自身。然而，人文素质的概念本身就很复杂，很多高中英语教师往往不知从何说起。基于这一认识，明确高中英

语教师人文素质的构成要素是一个重要的前提条件。高中英语教师的人文素质可分为人文知识、人文情怀、人文品格、人文价值、人文精神和人文行动六大要素，构成了完整的教师人文素质体系。

1. 人文情怀与儒雅气质

教育的过程应该是师生和谐共处、相互影响的过程，是心灵的交汇和思想的交流。高中英语教师人文素质的主要内涵之一是人文情感或人文情怀，它体现在具有真挚的情感，使其自然流露，产生理想的情感教育效果。所谓“人文情怀”，其最基本的要求就是尊重人文，尊重和接受人的多样性，它体现了对自身命运的深切关怀和对美好未来的深切关怀。

2. 人文价值与教育理想

高中英语教师的人文素质也体现在高中英语教师的人文价值和教育理想中。所谓人文价值，就是倡导人文价值，关心人、珍惜人的生命，追求人的精神世界。

3. 人文精神与胸怀天下

人性的主题是人文精神。可以说，人文素质最典型的标志就是人文精神。人文精神是对人的存在和尊严、对人的价值和意义、对美好生活的追求的理解、把握和关怀。面对当今世界教育的工具理性的扩张，高中英语教师应该有批评的精神，敢于质疑教育实践中存在的问题，敢于提出自己的创新观点。在教育实践中，引导学生独立思考，培养学生的批判精神，培养学生关心他人、尊重他人的素质。

4. 人文行动与教育践行

教育理论界和实践界都认为，既有人文情怀又能践行人文关怀的高中英语教师，其道德影响力最大。高中英语教师的人文素质不仅体现在其内在素质上，而且体现在日常教育教学和生活中的外在行为上。高中英语教师的人文素质主要体现在人文行动和教育实践方面，如实践性、决心性、反思性和教学性。高中英语教师只有通过具有人文特色的教育行为，才能真正体现人文素质的教育价值，并通过自己的行为影响和塑造学生，从而有助于学生人文素质的最终养成。

（二）提升高中英语教师人文素养的意义

对于高中英语教师来说，提高自身的人文素养对提高高中英语教学具有重要的现实意义。

1. 对学生成长的意义

在人才培养过程中，高中英语教师与学生接触最多，在学生心目中有着崇高的形象。在这个过程中，高中英语教师的人文素养水平显然具有决定性的意义。在这样的前提下，高中英语教师能够在教学过程中表现出人文素养，能够用自身的人文素养来影响和改变学生，这是教育过程中培养和提高学生人文素养的关键。

2. 对教师发展的意义

提高高中英语教师的人文素养对于自身的发展和教育教学水平的提高也十分重要。对于高中英语教师来说，具有广泛而扎实的人文知识可以更好地拓展思维，迸发出创造性的灵感。

3. 对学科教学的意义

高中英语教师是学科教学的直接实施者。因此，提高高中英语教师的人文素养对提高学科教学水平具有重要意义。就高中英语学科而言，培养学生的语用能力是高中英语学科教学的一个重要目标。因此，仅仅研究语言材料是不够的，还必须知道何时何地使用它们，这就需要了解第二语言的社会文化，熟悉其文化背景。有些英语教师的英语文化素养或人文素养整体水平较低，因此，课堂上讲解语法较多，交际少，文化输入少是必然的。而要改变这种状况，第一个前提是高中英语教师要有较高的文化素养，只有这样，高中英语教师才能在英语教学过程中充分认识到文化融合的意义，将英语阅读教学过程转化为一个真实的英语文化传播过程，从而加深学生对英美民族文化的了解，提高语言学习和应用的能力。

二、提升高中英语教师人文素养的途径

（一）开展有助于人文素养形成的实践活动

高中英语教师人文素养形成的关键是教师自身的行为。高中英语教师应该通过主动学习和多样化的实践行动，在教育改革和发展的浪潮中不断体验自己

的思想，形成与教育教学改革相适应的人文素养。

1. 开展人文社科的阅读活动

除了学校和相关部门提供人文知识的培训外，人文知识的积累主要依靠高中英语教师的自愿主动阅读行为。著名画家张大千说："作画若欲脱俗气，洗浮气，除匠气，第一是读书，第二是多读书，第三是须有选择地读书。"对于画家来说，阅读是如此重要，更不用说高中英语教师了。现在，许多教师觉得自己没有时间阅读，但实际上他们是对阅读不感兴趣。我们要知道，只有阅读才能增加我们思考的深度，教师才能真正提高自身的人文素养，才能站在巨人的肩膀上实践教育。高中英语教师可以选择适合自己阅读的图书，根据自己的条件，集中精力学习和理解，不断加强人文知识的培养，吸收精神食粮，这样他们才能有广博的人文知识，积累足够的精神能量，实现在教育实践的人文关怀。

2. 运用人文意蕴的教育方式

高中英语教师人文素养的形成离不开教育实践。教育家陶行知的名字就是强调知行合一。高中英语教师的人文行为首先表现在情感上的接受与尊重，对学生的爱与关怀，尊重学生的个性与喜好，关心学生的进步与成长。高中英语教师需要接受和尊重学生，无论他们是天才还是后进生，无论他们是顽皮的还是温顺的，无论他们在考试中得了高分还是得了低分。

3. 形成崇高远大的教育理想

高中英语教师的人文素养和人文情怀应该贯彻到教育育人的伟大事业中去。没有崇高的教育理想，很难真正具备良好的人文素养。教师是人类灵魂的工程师，教书育人是教师的职责。因此，教师应该把教育工作当作生命的事业。事业的出发点在于人的愿望。优秀教师的共同特征是有远大的志向，对事业的不懈追求，对学生、对社会、对自己高度负责任。

4. 注重在日常生活中为人师表

古人说："非圣贤不能为师。"如果高中英语教师能让学生体会到高尚的性格，和蔼可亲，那么，教师就不需要多加解释，学生也会对伟大的人格产生敬佩。教师既是知识的传播者、智慧的激励者，又是精神的陶冶者、人格的影响者、道德的体现者。这既是教师提高人文素养的基本要求，也是人文素养培养的最终价值归宿。

（二）完善有助于教师人文素养形成的管理制度

教师人文素养的提高有赖于教育和制度。没有完善的制度和科学的管理，很难提高全体教师的人文素养。因此，建立一个相对完善的高中英语教师管理制度，有利于鼓励广大高中英语教师的敬业精神，并使这种精神延续下去。同时，它也限制了少数或个别教师为了牟取小利而损害公共利益的行为。

总之，对于高中英语教师来说，具有较高的人文素养既是做好教学育人工作的必然要求，也是适应现代社会发展和教育改革需要的理性选择。在中学英语教师专业发展的过程中，学校管理者和教师应该深刻认识到提高人文素养的重要性和必要性。通过多元化平台的建设和教师自身的努力，不断巩固人文遗产，提高人文素养。

参考文献

[1] 庄彩芹. 浅谈高中英语阅读教学与研究［M］. 北京：北京邮电大学出版社，2015.

[2] 唐晓澐. 图式理论在高中英语阅读教学中的运用研究［M］. 上海：上海交通大学出版社，2016.

[3] 王耿正，曹殿俊，黄付巧. 高中英语阅读教学理论应用研究［M］. 长春：吉林人民出版社，2019.

[4] 许枫. 关于思维品质的初中英语阅读课课例研究［J］. 名师在线，2020（18）：80–81.

[5] 窦玉霞. 高中英语阅读教学中跨文化意识培养策略分析［J］. 中国农村教育，2020（18）：109–110.

[6] 孙胜强. 浅析如何有效开展高中英语的阅读教学［J］. 学周刊，2020（20）：52–53.

[7] 邓建国. 实施"学议导练"教学模式，优化高中英语阅读课堂教学［J］. 学周刊，2020（20）：145–146.

[8] 林媛. 任务型教学法在高中英语阅读教学中的应用［J］. 中学课程资源，2020（6）：22–23，36.

[9] 周杰. "互联网+"背景下高中英语阅读学习效果影响因素分析［J］. 中学课程资源，2020（6）：48–50.

[10] 李晴. 核心素养背景下思维导图在高中英语阅读教学中的应用研究［J］. 科学大众（科学教育），2020（6）：51.

[11] 吴永文. 基于核心素养的高中英语阅读策略教学实证研究［J］. 兵团教育学院学报，2020，30（3）：75–80.

[12] 冯瑞存. 高中英语阅读教学改进策略的思考[J]. 成才之路，2020（17）：61–62.

[13] 宋亚琦. 高中英语阅读教学中学生跨文化意识的培养策略探究[J]. 英语教师，2020，20（11）：65–66，70.

[14] 王群. 核心素养背景下高中英语阅读教学中学生思维能力培养探究——以A Father，a Son and an Answer为例[J]. 英语教师，2020，20（11）：130–134.

[15] 徐永军，王志军，梅如斐，等. 核心素养视域下的高中英语阅读教学实践探究——以Unit 5 Keep it up，Xie Lei为例[J]. 英语教师，2020，20（11）：135–139.

[16] 戴一鑫. 对分课堂在高中英语阅读教学中的应用[J]. 才智，2020（16）：154.

[17] 宋惠娟. 时文阅读在高中英语阅读教学中的运用探研[J]. 成才之路，2020（16）：92–93.

[18] 钱俊峰. 高中英语阅读课堂中学生思维品质提高的路径探究——以Super kids heroes阅读课为例[J]. 知识经济，2020（18）：98，100.

[19] 班文莉. 核心素养视角下的高中英语阅读教学[J]. 基础教育论坛，2020（16）：45–46.

[20] 陈群团. 核心素养视域下的高中英语阅读教学[J]. 教育与教学研究，2020，34（7）：100–102.

[21] 钱珍娣. 高中英语阅读教学的障碍及策略探讨[J]. 教育与教学研究，2020，34（7）：102–104.

[22] 孙宇. 基于建构主义学习理论的高中英语阅读教学模式研究[D]. 大连：辽宁师范大学，2020.

[23] 王向文. 图式理论在高中英语阅读教学中的应用研究[D]. 信阳：信阳师范学院，2020.

[24] 谢远萍. 高中英语阅读课堂有效提问研究[D]. 信阳：信阳师范学院，2020.

[25] 杨成林. 高中英语阅读教学中的任务设计现状调查研究[D]. 洛阳：洛

阳师范学院，2020.

[26] 姚佳. 移动学习在高中英语阅读教学中的实验研究［D］. 石家庄：河北师范大学，2020.

[27] 赵艺捷. 支架式教学模式对高中生英语阅读能力影响的研究［D］. 大连：辽宁师范大学，2020.

[28] 田子毅. 可视化图式在高中英语阅读教学中的探究［D］. 大连：辽宁师范大学，2020.